ヘーゲルを越えるヘーゲル

仲正昌樹

講談社現代新書
2497

ゲオルク・ヴィルヘルム・フリードリヒ・ヘーゲル
Georg Wilhelm Friedrich Hegel（1770—1831）

ドイツの哲学者、ドイツ観念論を代表する思想家でもある。
弁証法的論理学、近代国家の理論的基礎付けなど政治哲学の業績、
認識論、自然哲学、歴史哲学、宗教哲学など、哲学のあらゆる
分野を包括的に論じた。その優れた論理性から
後世にも大きな影響を与えた。
主な著作には『精神現象学』『大論理学』『エンツィクロペディー』
『法哲学要綱』などがある。弟子（ヘーゲル学派）が編纂した
ものには『歴史哲学講義』『美学講義』『宗教哲学講義』がある。
ヘーゲル哲学の影響を受けて批判的に継承・発展させた人物には
セーレン・キルケゴール、カール・マルクスなどがいる。
ヘーゲルの文体は難解で知られ、言葉の定義が曖昧だという
不満の声もあるが、ヘーゲルの弁証法は概念の自己運動に併せて
言葉が動いていくものであるから、
言葉の完全な定義を求めるのは不毛だろう。
一方で、著作の序文や教育・政論の分野では
名文が多いと評されている。

扉図版：ヘーゲル／講談社資料センター

目　次

第二章　「主」と「僕」の弁証法

序――ヘーゲルの何が重要なのか？

マルクスとセットで語られたヘーゲル

一昔前、「ヘーゲル」は、「哲学」を志す者が通過しなければならない必読の古典だった。「ヘーゲル」を抜きにして、「理性」「精神」「自由」「市民社会」「法」「国家」「歴史」について語ることはできなかった。狭義の哲学研究者だけでなく、社会科学や文学、歴史学などを学ぶ人にとっても、「ヘーゲル」は、学問的・体系的な思考方法を鍛える基礎であった。認識論、存在論、論理学、法哲学、道徳哲学、宗教哲学、歴史哲学、自然哲学、美学といった、哲学の各部門をカバーする「ヘーゲル」の体系は多くの人を魅了した。

近代哲学の結節点とも言うべき「ヘーゲル」は、その最大の批判者である「マルクス」

とセットで語られることが多かった。マルクス主義の核とも言うべき「唯物史観」と「唯物弁証法」がそれぞれ、ヘーゲルの「精神」中心の歴史観と弁証法を克服するものとして構想されたからである。若きマルクス（一八一八―八三）が、ヘーゲル哲学を、ドイツの置かれている現状を変革するための思想へと転用しようとしたヘーゲル左派の影響圏の中にあり、その影響から離脱しようとする過程で独自の思想を生み出したのはよく知られたことである。マルクス主義の歴史の中で、「ヘーゲル」は、資本主義的現状を肯定するブルジョワ（市民）的イデオロギーの権化として排斥されることがしばしばあったが、ハンガリーのマルクス主義理論家ルカーチ（一八八五―一九七一）や、実存主義とマルクス主義の融合を図ったサルトル（一九〇五―八〇）のように、「ヘーゲル」に回帰することで、「マルクス」の読み方を刷新し、新しい理論の源泉にしようとした思想家も少なくなかった。

新しい「ヘーゲル像」の出現

しかし、一九八九年のベルリンの壁崩壊によって、「マルクス」の知的権威が低下したのに伴って、「マルクス」の源泉であり、最強の敵である「ヘーゲル」の存在意義も低下することになった。マルクス主義の唯物史観あるいは階級闘争史観が、歴史の方向性と「終点＝目的 Ende」を予見する形而上学的な歴史哲学と見なされ、信用失墜すると、それと同じ理由から、同じ様に歴史哲学を強みとするヘーゲル哲学も胡散臭《うさん》いもの扱いされるようになった。「歴史哲学」は、キリスト教の救済史観あるいは終末史観の焼き直しであり、科学的に基礎付けられた理論たり得ないと見なされるようになった。「(闘争の)歴史の終焉」は、「歴史哲学の終焉」でもあった。そのため、「ヘーゲル」の影響はかなり弱まり、フィヒテ(一七六二—一八一四)やシェリング(一七七五—一八五四)と並ぶ、ドイツ哲学史の一時期(一九世紀前半)を代表する哲学者の一人、というこぢんまりとした位置付けになってしまった感がある。

しかし、近代哲学(史)を総括する特別な存在としての「ヘーゲル」が参照されることが少なくなった一方で、専門分野や取り組んでいるテーマからするとヘーゲルとあまり縁がなさそうに見える思想家が自らの着想の源泉としてヘーゲルのテクストに言及し、独自のヘーゲル解釈を呈示するのをしばしば見かけるようになった。「哲学」そのもののような巨大な「ヘーゲル」像が崩壊したことがある意味幸いし、文脈ごとに全く別人であるかのようなヘーゲルたちが出現してきたような様相を呈している。

現代の意外なヘーゲル派として特に際立っているのは、コミュニタリアニズム(共同体主義)の代表的論客の一人で多文化主義を擁護するカナダの哲学者チャールズ・テイラー(一九三一—)、ラカン派精神分析を資本主義批判や映画批評に応用することで知られるスラヴォイ・ジジェク（一九四九―　）、分析哲学の中のネオ・プラグマティズムと呼ばれる潮流を代表するロバート・ブランダム（一九五〇―　）、ポストモダン・フェミニズムの旗手で、「ジェンダー」や「セックス」といった基本概念のラディカルな変容を試みるジュディス・バトラー（一九五六―　）の四人だろう。いずれも現代哲学の重要人物である。

少し時代的に遡ると、第二次大戦前後のフランスではアレクサンドル・コジェーヴ（一九〇二―六八）とジャン・イポリット（一九〇七―六八）の二人の哲学者のユニークなヘーゲル解釈が、メルロ゠ポンティ（一九〇八―六一）やジャック・ラカン（一九〇一―八一）を経由して、現象学と構造主義以降のフランスの現代思想全般に影響を与えている。ジル・ドゥルーズ（一九二五―九五）やジャック・デリダ（一九三〇―二〇〇四）の思想は、それぞれ独自の視点からの「ヘーゲル」批判になっている。コジェーヴは、冷戦の終わりを予言する形になった、元アメリカ国務省スタッフで政治学者のフランシス・フクヤマ（一九五二―　）の「歴史の終焉」論にも強い影響を与えたことが知られている。また、戦後ドイツの社会思想をリードしたフランクフルト学派は、ヘーゲルの歴史哲学と弁証法を積極的に生かすことを試みた。学派第二世代の代表のユルゲン・ハーバマス（一九二九―　）は、普遍的道徳法則やコミュニケーションの可能性を考えるうえで、カント主義的な立場からヘーゲルとの対決を試みているし、第三世代の代表アクセル・ホーネット（一九四九―　）は初期へーゲルの承認論を現代の社会問題に適用することを試みている。

現代思想の文脈でこその参照

本書は、そうした「ヘーゲル」たちが現代の哲学において演じている役割から逆算する形で、ヘーゲル哲学の意義を再考することを試みる。オーソドックスなヘーゲル入門書であれば、青年ヘーゲルに対するフランス革命の影響や、初期ヘーゲルのキリスト教神学との批判的取り組みから始まって、『精神現象学』（一八〇七）→『大論理学』（一八一二―一六）→『エンツィクロペディー』（一八一七）→『法哲学要綱』（一八二一）→『歴史哲学講義』（一八二二―三一）という順序で、ヘーゲルの体系が次第に完成へと向かっていく過程を描くべき、ということになるだろう。しかし、そういうタイプの入門書はこれまで何冊も刊行されているので、今更同じようなものを一冊増やす意味はあまりない気がする。加えて、多岐にわたるヘーゲルの主要著作を新書サイズの入門書で全部扱おうとすると、一冊ごとの中身はかなり薄くなる。もしくは、というよりそうやって薄くするとかえって、「近代」の直面する問題の全てを予見した「ヘーゲル」、哲学のあらゆる部門を包括する「ヘーゲル」の体系的思考、それ以降のあらゆる哲学者たちを手の平の上で踊らせる「知の巨人ヘーゲル」……といった大げさなスローガンを掲げて、強引にヘーゲル推しすることなりがちだ。

ヘーゲルが近代哲学の主要テーマのほとんどをカバーする形で自らの体系を築きあげたことは間違いないが、それを今頃になって再び声高に叫んでもシラケるだけだ。そうやって大上段に構えるよりは、「精神」を中心とする「歴史」の発展法則を描いた大時代的な思想家であるにもかかわらず、それでもなお参照され続けるヘーゲル、あるいは、そうした大時代的な思想を解体しようとする現代思想の文脈でこそ頻繁に参照されるヘーゲルという奇妙な存在を、いくつかのアクチュアルなトピックに即して描き出してみたい。「現代思想におけるヘーゲル」という本書のテーマの性格上、ヘーゲルその人の言説よりも、現代の思想家たちの言説の中に登場する様々な――相互に整合性があるとは限らない――「ヘーゲル」たちについて語ることになるので、オーソドックスなヘーゲル像からはかなりズレることになろう。ヘーゲル自身のテクストからの引用はさほど多くない。ヘーゲル入門的なものを期待している読者には向かない。その点は予《あらかじ》め断っておきたい。熱心な読者をいつのまにか思考の迷路へと誘いこみ、自分が今どこにいるのか分からなくしてしまう「ヘーゲル」たちの魅力を少しでも伝えることができれば幸いである。

第一章　「歴史の終わり」と「人間」

「歴史の終わり」

「冷戦の終焉」と哲学的テーゼ

「序」で少し触れたように、一九八九年の冷戦終結の前後に、当時アメリカの国務省の政策スタッフで、その後ネオコン（新保守主義）の論客として知られることになるフランシス・フクヤマの論文「歴史の終わり?・The End of History?」（一九八九）が話題になった。それはこの論文が、イデオロギーの対決が続いた二〇世紀の歴史は、西欧の自由民主主義の最終的勝利によって終焉《しゅうえん》することをはっきり予告していたからである。

この論文が発表されたのは八九年の夏であり、ベルリンの壁が崩壊した十一月九日にはまだ間があった。（旧）ソ連でのゴルバチョフ（一九三一— ）によるペレストロイカ（改革）とグラスノスチ（情報公開）の推進と、ソ連内の経済・民族問題の深刻化、東欧諸国における反体制運動の同時発生的活性化等によって、東側がかなり弱っているように見えていたのは確かだが、数ヵ月の内に、ソ連が東欧と西欧を隔てる間の壁を取り払い、全面的な体制転換を受け入れるということをリアルに予想していた専門家は当時ほとんどいなかった。フクヤマの分析・洞察が的を射ていたのか、（旧）東ドイツ周辺の状況の幸運な偶然が重なってたまたま当たっただけなのか、どちらとも言えないが、結果的に、彼の論文における〝予言〟が成就《じょうじゅ》した。彼は、「冷戦の終焉」を〝予言〟した政策のプロとして注目されることになった。

しかも、「冷戦の終焉」を〝予言〟しただけにとどまらない。「冷戦の終焉」が「歴史の終わり」でもあるという極めて哲学的テーゼをも呈示している。その外交論文らしからぬところも注目されることになった。

私たちが目撃しているのは、単なる冷戦の終焉あるいは戦後史の特殊な一時期が経過したということではない。歴史それ自体の終焉である。つまり、人類のイデオロギー的進化と人間的統治の最終形態としての西欧の自由民主主義の普遍化の終着点である。これは『フォリン・アフェアーズ』誌による国際情勢の年間要約のページを埋めるような出来事がもはやなくなるということではない。というのも自由主義の勝利は主として観念や意識の領域で起こったのであって、実在する、あるいは物質的な世界ではまだ未完だからである。しかし、長期的に見て、理想が物質的世界を支配するようになることを信ずべき強い理由がある。何故そうなのかを理解するには先ず、歴史の変化の本性に関わるいくつかの理論的問題を考察しなければならない。

マルクス主義の敗北という「終わり」

このように「歴史の終わり」をめぐる哲学的な問題を提起したうえでフクヤマは、こうした議論の先駆者として、物質的諸力の相互作用による歴史の発展法則を定式化し、その法則に基づいて、それまでの社会形態の全ての矛盾を解決するユートピアが最終的に到来することを予言したマルクスを挙げている。マルクスにあまり詳しくない読者向けに簡単に説明しておこう。

マルクスあるいはマルクス主義によれば、人類の歴史は、生産様式の発達に応じて、原始共産制社会→奴隷制社会→封建制社会→資本主義社会→社会主義社会→共産主義社会という順に発展する。歴史の「始まり」と「終わり」に位置する「共産主義社会」は、階級がなくみんなが平等に働き、成果を分け合う社会であるが、その間にあるのは、生産手段を所有する階級とそれに従属する被支配階級から成る階級社会である。階級社会は、支配階級が被支配階級の労働力を搾取し、富を蓄積するメカニズムを本質とするが、生産性を上昇させるべく生産様式を変化させていくと、階級支配の土台が崩れ、階級闘争が起こる。例えば、封建制社会において工業化を図ろうとすると、農民（農奴）を土地に縛り付ける封建制から解放したうえ、産業構造全体を自由化する必要がある。そこで旧来の秩序を維持しようとする封建勢力と、新しく台頭してきたブルジョワジー（資本家階級）の間で階級対立・闘争が必然的に起こる。そしてブルジョワジーが工場に集めた労働者の労働力を搾取して、資本を増殖するようになると、自らの労働力を取り戻し、より生産的に労働しようとするプロレタリアート（労働者階級）の欲求が高まってくる。そうした階級闘争の歴史は、プロレタリアートのブルジョワジーに対する勝利で事実上終結し、後は、プロレタリアートの支配の下で階級的搾取の原因であった私有財産制の遺物を徐々に清算して、高度に発達した生産技術を基盤とする第二の共産主義社会へ移行することになる。それがマルクス主義にとっての「歴史の終わり」である。

二つの力の対立を原動力として「終わり」へと向かっていく歴史発展の法則を描き、影響を与えたという点で、フクヤマは、マルクスを哲学的な「歴史の終わり」論の〝主要な論客〟としているが、その一方で、肝心の「終わり」方の予想は外れてしまったことを示《し》唆《さ》する。外れたというより、彼の名を冠した実践の哲学マルクス主義の敗北という形で「歴史」は「終わる」ことになるわけである。だとすると、極めて皮肉な事態である。無論、フクヤマは皮肉を込めてマルクスに言及しているのであろう。

ヘーゲルの歴史哲学のポイント

そしてフクヤマは、そのマルクスの理論的源泉として「ゲオルク・ヴィルヘルム・フリードリヒ・ヘーゲル」に言及する。

良きにつけ悪しきにつけ、ヘーゲルの歴史主義は私たちの今日の知的荷物の一部になっている。人類が現在に至るまでの原始的な意識の一連の諸段階を通過することで進歩してきた、そしてそれらの諸段階は、部族社会、奴隷制社会、神政政治社会、そして最終的に平等主義・民主主義社会という社会的組織の具体的諸形態に対応しているという考え方は、近代的な人間理解と不可分である。ヘーゲルにとって人間がその歴史的・社会的環境の産物であり、それ以前の自然権論者たちが想定していたであろうように、多かれ少なかれ固定した「自然」の属性の集合体ではなかったという点で、ヘーゲルは近代の社会科学の言語を語った最初の哲学者であった。科学技術の応用による人間の自然環境の征服と変換という考え方はもともとマルクス主義の観念ではなく、ヘーゲルのそれである。しかし、その歴史相対主義があっけなく相対主義に堕してしまった後の歴史主義者たちとは違って、ヘーゲルは歴史が絶対的な瞬間において頂点に達すると信じていた――それは、社会と国家の最終的で合理的な形態が勝利するであろう瞬間である。

ここでヘーゲルの歴史哲学の重要なポイントがコンパクトに記述されている。歴史の中での社会の発展と、人間の知性の発展が対応しているというのは、人間の知性が発展するにつれて、自分たちの欲望を実現するための社会的組織や物理的環境を作り出し、いったん出来上がった組織や環境が今度は人間の知性や道徳・社会性に作用して、更なる知性の発展を促し、それが更に人々に高度な組織や環境を構築させる方向に働きかけ……というように、作用／反作用の積み重ねによって、知性と社会的組織の発展が相関しながら進んでいく、ということである。一般にヘーゲルの「弁証法」と呼ばれている事物の発展運動は、こうした二つの対峙する項――この場合は、知性（内）と環境（外）――の間の相乗作用を通して進行していく。

彼以前の「自然権論者」というのは、カント（一七二四―一八〇四）やその時代の合理主義哲学者、フランス革命の指導者たちのように、人間には生まれた時点で、自然権の根拠になる、他の動物には見られない、理性的な本性が備わっていると想定する哲学者たちである。歴史相対主義に堕した後の歴史主義というのは、歴史の進歩の方向性を想定することなく、各時代にはそれぞれ固有の意義があり、遅れているとか進んでいるとか判定する普遍的基準はない、という考え方である。つまりヘーゲルは、人間はこの地上に誕生した瞬間から素晴らしい人間性を具えているわけでもないが、歴史の中で環境と相互作用しながら次第に理性を発展させ、一つのあるべきゴールに向かっていく歴史を描き出したわけである。実証可能な現実だけに着目するのでも、道徳的理性によって見出される普遍的・抽象的理想にだけ拘るのでもなく、現実と理想を架橋《かきょう》するものとしての「歴史」を捉えたわけである。

「現実」が「理想」に一致していく過程として「歴史」を捉える思考は、キリスト教の救済史観あるいは終末史観に特徴的だが、キリスト教では歴史の「終わり＝目的」――「終わり」を意味するドイツ語の〈Ende〉、英語の〈end〉やフランス語の〈fin〉には「目的」という意味もある――を定めたのは神であり、「歴史」がその「終わり＝目的」に向かって進んでいくかどうかを、人間の知恵で確かめることはできない（とされていた）。当然、人間の活動が歴史の発展の方向に影響を与えることはない。ヘーゲルが画期的だったのは、人間自身の活動、そして自らの活動についての人間の反省的知が「歴史」の方向に影響を与え、やがて最終目的に到達するであろうことを、社会科学的な考察によって予見する方法を示した点である。

コジェーヴの見たヘーゲル：「精神」とは何か

「歴史の終わり」をめぐる解釈

ただし、ヘーゲルの主要著作を見る限り、自由民主主義の勝利に直接言及している箇所はない。ヘーゲルの歴史観についてのそうした解釈を呈示したのは、ロシア出身のフランスの哲学者アレクサンドル・コジェーヴである。フクヤマも論文の中でコジェーヴに言及している。コジェーヴが一九三三―三九年にフランスの高等研究院で行ったヘーゲルの『精神現象学』についての講義には、構造主義的精神分析の開拓者となったラカン、神秘体験を文化人類学的な見地を交えて論じたジョルジュ・バタイユ（一八九七―一九六二）、「聖なるもの」や「遊び」をめぐる評論で知られるロジェ・カイヨワ（一九一三―七八）、フランスにおける現象学をリードしたメルロ＝ポンティ、保守系の論壇の代表格であるレイモン・アロン（一九〇五―八三）、シュルレアリスムを代表する詩人アンドレ・ブルトン（一八九六―一九六六）など、フランスの現代哲学・文学のキーパーソンが多数出席し、彼らを通してフランスの現代思想に強い影響を及ぼし続けている。講義の記録は、『ヘーゲル読解入門』（一九四七初版、一九六八第二版）として公刊されている。

コジェーヴによると、イエーナの会戦（一八〇六）で勝利したナポレオン（一七六九―一八二一）が、当時ヘーゲルの住んでいたイエーナの町に入場してくるのを見た時、ヘーゲルは「歴史の終わり」を確信した。その時の様子について、ヘーゲルは一八〇六年十月の友人宛ての手紙で以下のように述べている。「皇帝――この世界精神――が巡察のために馬に乗って市内を通って行くのを見た」。コジェーヴはこの有名なフレーズと、『精神現象学』における人間精神の発展図式を重ね合わせて、「歴史の終わり」をめぐる解釈を導き出したわけである。

「精神」の発展の運動と自己反省の図式

どういうことか少しずつ確認していこう。イエーナの会戦というのは、ナポレオンが率いるフランス軍とプロイセン軍との戦いであり、フランス側の勝利に終わった。フランス軍は、プロイセンの首都ベルリンに入城し、プロイセン全土が、延《ひ》いては、プロイセンを中心に団結していたドイツ諸邦の大半が、事実上フランスの支配下に置かれることになった。フランス革命に熱狂したヘーゲルたちの世代のドイツ人にとっては、フランス革命を実現した理性が、古い封建体制に打ち勝って新しい時代、自由が開花する時代を切り開いたように見えたわけである。この一年後に刊行された『精神現象学』でヘーゲルは、あらゆる人間に内在し、その理性的思考を導く「精神 Geist」が世界史を導くという壮大な図式を描いている。コジェーヴはそこに連続性を読み取ったわけである。『精神現象学』では、［ナポレオン＝世界精神］と明言されているわけではないが、「精神」の世界規模の運動を意味する「世界精神 Weltgeist」という言葉は使われている。

ここでヘーゲルの言う「精神」という概念がどういうものか簡単に確認しておこう。ドイツ語の〈Geist〉、あるいはそれに相当する英語の〈spirit〉やフランス語の〈esprit〉は、①個人の「精神」という意味でも、②時代や文化を規定している知的雰囲気や傾向の意味、あるいは、③「(人や神の) 霊」という意味でも使われる。ヘーゲルは、①と②にまたがる意味で、③もその背景として暗示するような意味で、この言葉を使っている。すなわち、個々の人間の「精神」は互いに孤立しているわけではなく、文化的な慣習や制度、法や経済等を通じて相互に影響を与え合いながら、より合理的な方向に向かって発展し続けている。人々の繋がりとしての社会の中に現れてくる「精神」は、まるで一人の人格のように、自分の過去から現在に至る歩みを反省的に振り返り、未来に向かって方向付けているように見える。そうやって社会や歴史の中に働く「精神」は、まるで神の霊によって導かれているように見える。更に言えば、神の霊のようなものが、人間たちの身体に受肉し、個々の人間の精神に宿りながら、自己の本来の(神としての) 在り方を探究しているようにも見える。

そういう「精神」の発展の運動と自己反省の図式を哲学的に厳密な形で描き出したところにヘーゲルの新しさがある。神の霊が歴史を導き、最終的には、自ら受肉することで、つまり神の子イエスの誕生という形で、「終焉」を準備したという見方は、キリスト教神学の大前提であるが、神学的な大前提を最初から前面に出したのでは、近代的な学問にはなり得ない。ヘーゲルは、神の霊を背景に退かせ、人間たちの社会的相互関係に現れてくる「共同体（人倫）的精神 der sittliche Geist」に焦点を当てることで、近代知に適合する客観的な形で、つまり一九世紀の経験的社会科学に適合する形で、歴史の「発展＝展開 Entwicklung」のプロセスを観察し分析することを可能にしたのである。

理性の「普遍性」の問題と「進歩」の絡み

「歴史」が人間の理性によって一定の方向に進歩しているという見方は一八世紀のフランスの啓蒙主義者によって広められていたが、人間の「理性」自体はどう進歩しているのか、そもそも進歩しているのか、ということについては哲学的に練られた考察に基づく答えはなかった。ジョン・ロック（一六三二―一七〇四）やディヴィット・ヒューム（一七一一―一七六）に連なる英国経験論のアプローチや、認識の条件をめぐるカントの批判的合理主義の考察など、個人の認識能力についての研究は蓄積されていたが、社会を構成する人々の理性の進歩については、十分な議論は行われていなかった。それぞれの時代ごとの知的雰囲気を示す「時代精神 Zeitgeist」という概念は、文化や言語を重視するヨハン・ゴットフリート・ヘルダー（一七四四―一八〇三）などによって導入されていたが、さほど厳密に規定されていたわけではなく、「進歩」と関係付けられていたわけではない――ヘルダーは、普遍的進歩の歴史を想定することに懐疑的だったが、理性の進歩を理論的に全否定したわけでもない。

一八世紀の哲学者たちには、「理性の進歩」と密接に関係するもう一つ解決すべき理論的課題があった。それは、精神あるいは理性の「普遍性」をめぐる問題だ。非ヨーロッパ世界の発見や、国民（nation）意識の高まりと共に、ヨーロッパの諸国の言語や文化の違いが意識されるようになったことで、人間の思考の枠組みはどこまで共通で、どこから異なるのか、異なった世界観を持っている人々の相互了解は可能なのか、といった問題が提起されるようになった。道徳や法の基盤になる理性や精神が根本的に異なっていれば、異質な者同士が一つの社会で共存することは困難だ。カントが理性による対象の認識や道徳的判断の普遍的構造を明らかにし、フィヒテがそれを受けて普遍的理性に基づく学問の体系化を構想したのに対し、ヘルダーやゲーテ（一七四九―一八三二）は、文化圏ごとの精神の創造力の多元性を強調したが、両陣営は異なったレベルで議論をしており、かみ合ってはいなかった。

加えて、それが「進歩」とどう絡んでくるのか、という問題もある。「歴史」が「理性の進歩」を保障するとしたら、それは人々の相互了解が次第に促進されるということなのか、それとも、人々の考え方の違いが余計に際立ち、和解は不可能になるのか？　ヘーゲルは、各人に内在する「精神」が次第に相互理解を深め、地域ごとに共通の文化や制度を育みながら、次第に一つの最終形態へと進化・収斂していく過程を、「精神」の「教養＝形成 Bildung」という概念を使うことによって明らかにした。〈Bildung〉というのは、「（自己）形成」という意味と、知的な共有財産、基本的な素養という意味での「教養」という意味を併せ持つドイツ語であるが、ヘーゲルはこれを、共同体的精神が（あたかも一人の人格のように）次第に自己形成するのに伴って、人々の共有する知的文化水準や振る舞い方が洗練され、それが前者にフィードバックする事態を指す概念として用いている。この概念をうまく用いることで、人々の理性的思考や道徳的判断基準・実践が互いに、より合理的になっていく方向で収斂《しゅうれん》していく過程を説明したことは、ヒュームにもルソー（一七一二―七八）にもカントにも達成できなかった、ヘーゲルの大きな功績だということができよう。

「歴史」には手を出さなかった哲学者たち

コジェーヴの見方によれば、ヘーゲルは、ナポレオンの勝利を単に一個人の軍事的天分の所産ではなく、それまで文化圏ごとの「共同体的精神」としてばらばらに現れ、全体像が見えなかった「世界精神」がその姿を現した瞬間と見たのである。

だが、実際のところ、フランス革命の理想を実現し完成する者として把握するのでないとすれば、ナポレオンを「把握するcomprendre」とは一体どういうことだろう。そして、啓蒙（Aufklärung）、光の世紀のイデオロギーを把握せずに、この理想、この革命を把握できるだろうか？　一般的に言えば、ナポレオンを把握することと、これは彼以前の歴史の発展の全体と関連付けて彼を把握することであり、それは普遍的歴史の全体を把握することである。だが、ヘーゲルと同時代の哲学者はほとんど誰一人としてこの問題を自らに課さなかった。そして、ヘーゲルを除き誰一人この問題を解かなかった。というのも、ナポレオンの存在を受け容れ、それを正当に評価すること、すなわち自己の哲学や人間学、歴史観の第一原理を発して彼の存在を「演繹」できたのはヘーゲルだけだったからである。他の哲学者はナポレオンを糾弾することが自分の義務だと思ってしまった。それは歴史的な実在を糾弾するということであり、まさにそのために、彼らの哲学体系は全てこの実在によって糾弾されたのである。

それまでの哲学者たちは、フランス革命の完成者としてのナポレオンがヨーロッパの歴史を大きく変化させたという事態を自分の哲学体系の中に位置付け、それが生じた原因や意義を説明することができなかった。少しカリカチュア的に表現すれば、「哲学」は自らの思弁的な営みと歴史的な現実を関係付ける意志も能力もないまま、純粋な「理論」の世界、自らの想定する「理想」の世界、「理性」を——何の障害物もなく——自由に働かせることのできる世界に閉じこもっていた。理性によって制御することができず、予測することさえ困難な偶然な出来事の連鎖にすぎない「歴史」は、「哲学」の管轄外であった。どんな歴史的な大事件も、特定の個人たちの気まぐれや感情的要素を多分に含んだ諸行為に起因するものである以上、「哲学」には手の出しようがなかった。

しかし、一八世紀に入って、科学技術の急速な発達、貨幣を中心とした市場経済のシステム的完成、アメリカ独立戦争やフランス革命といった市民革命などによって、人々の世界観が大きく揺さぶられ、人々の思考様式、「理性」の在り方自体が根底から変動していることを、哲学者たちも認めざるを得なくなった。「理性的に思考する哲学」自身が、実は歴史の産物かもしれない。カントは『世界市民的見地から見た一般史の構想』（一七八四）などの歴史哲学的著作で、「哲学」が「歴史」に関わる道筋を探究したが、体系的な歴史哲学を展開するには至らなかった。

経験的社会科学の方法論との繫がり

ヘーゲルは、ナポレオンの勝利とプロイセンの敗北という、自分たちの思考の在り方を変えた歴史的な大事件を、自らの「哲学」の体系の中に位置付けることに成功した（とコジェーヴは見る）。ヘーゲルにとって、「哲学」は、「歴史」的な現実と深く絡み合っているのである。こうしたヘーゲルの想定する、「歴史」と「哲学」の関わりは、「哲学」にとって二つのことを意味する。

一つは、先に「進歩」の問題に即して見たように、現実の「歴史」の発展の法則あるいは傾向を明らかにすることが、「哲学」の課題になったということである。それは、人々にこれから進んでいくべき方向性を示す使命を担っていることである。人々の道徳・権利意識や法・政治制度の発展の（あるべき）方向性を描いた、『法哲学要綱』はその性格が強い。もう一つは、「哲学」自体がどのようにして「歴史」の中で生成してきたかを（自己言及的に）記述することが、「哲学」の課題になったということである。「歴史」の現実の流れを超越し、全てを理性的に見渡せるような場所に、「哲学」が自らを無条件に位置付けることはもはやできない。「哲学」は自らも「歴史」の産物であるという前提に立ち、自らが拠って立つ思考様式や知性の水準が、「歴史」的に生成してきた過程を明らかにしなければならない。原初的な社会の人たちの素朴な意識の中から、「自然」と「社会」そして「自己」を観察する、「哲学」という抽象化された思考形態が生まれ、それが制度化・慣習化されて、次第により高度で練られた思考様式へと次第に発展し、最終的に、今現に哲学している自分の思考様式が確立されるまでを描くということだ。それができて初めて、「哲学」は「歴史」を自分のものにしたことになる。ただ、この第二の論点に深入りすると、（特定の）「哲学」（的立場）自体による「哲学の生成史」の記述をどうやって哲学的に正当化するのか、というややこしい問題が浮上してくる。これについては第四章で論じることにして、ここでは、「ナポレオン」の問題に直接関係する最初の点に話を絞ろう。

ヘーゲルの「哲学」は、歴史的に重大な出来事に体系的に意義付けし、自ら（「哲学」自体）と関係付けることを目指す。だからこそ、先のフクヤマからの引用にあったように、一九世紀に発展することになる、社会学や歴史学を始めとする、経験的社会科学の諸分野の方法論に通じているのである。ただし「哲学」である以上、現実に起こった出来事を個別に記述・解釈するだけでなく、個々の出来事を貫き「歴史」を動かしている基本法則を探究しなければならない。そのうえで、「歴史」の「終わり」を予測しなければならない。

「自由」を求める闘争

「共同体」と自己実現

では、ヘーゲルにとって「歴史」を動かしている原動力は何だったのだろうか？　抽象的に説明すれば、様々なレベルの「共同体（人倫）」として現実化している、「精神」の自己意識（化）と自己実現である。では、「精神」が自己を意識したり、自己実現するとはどういうことか？　これは、個人の精神の発展過程から類推すると分かりやすい。

物心つく前の子供は、自分と他者との境界が曖昧で、「自己」という概念さえ持っていない。いろんな感性的刺激を受け、反応しているだけである。いくらか経験を積み重ね、自分の力が及ぶ範囲と、その範囲外の区別が付くようになると、自分が誰で、どういう対象に対して何をしたいかを少しずつ自覚（意識）するようになる。そうやって少しずつ「自己」実現するうちに、その成果からのフィードバックで、「いや、私は本当はこんなことをするつもりではなかった」とか、「次はこんなことをしたい」「自分のやりたいことが分からなくなった」……といった反省を行い、自己のより真実の姿を求めることになる。そこで見出した新しい自己が再び、自己実現の目標を設定し、それを実現すべく行動し……という形で、「実践」と「反省」の弁証法的な連鎖が続く。そして、そうした自己の変化の過程を、私は（不正確ながら）「記憶」している。そうした「記憶」と、未来へと続いていく弁証法的な更なる変化によって、「自己」が構成されている。

そうした個々の「私」たちの「精神」の自己形成（Bildung）＝発展とパラレルに、人間の歴史全体の中で形成（Bildung）される諸々の共同体の中に現れてくる「共同体的精神」にも一定の自律性があり、自己形成＝発展していく、とヘーゲルは考えるわけである。個人の精神の場合と違うのは、特定の身体や行動と不可分に結び付いているわけではなく、不特定の人々の行動に現れてくるので、その意志や知性水準が客観的に確定しにくいことである。加えて、単位となる共同体も固定していない。小さな共同体同士が理性的な思考や交渉によって敵対・緊張関係を解消し、より大きくかつより秩序化された共同体へと発展していくにつれて、「精神」も次第に統合されて、かつより高い反省のステージに到達し、最終的に、全世界を包括する「絶対精神 der absolute Geist」に至る。「絶対精神」こそ、それまで様々な現れ方をした諸精神の本来の姿である。

「絶対精神」への見方

このように説明すると、いかにも不自然な対比に聞こえるが、抽象的で中身がはっきりしない「精神」を、「神」という人格的な存在に置き換えると、少なくとも話の筋としては分かりやすくなる。「神」は宇宙の創造者だが、原初においては自分の行為、その結果を自覚していない——このように想定される「神」は、キリスト教の神のように最初から全知ではない。しかし、自らの創造したもの、あるいは自らの意志に従って運動するものと相対し、観察する内に、自己自身を知るに至る。そうした壮大なプロセスが宇宙の歴史である。各種・各段階の「精神」は神のその都度の現れだということになろう。ただここで少し注意する必要がある。（少なくとも『精神現象学』の著者としての）ヘーゲル自身は、宗教で言うところの「神」（の表象）は、次第に実体化していく「絶対精神」の自己展開の段階的な現れであって、その逆ではない、という見方を示している。左派・唯物論的な立場からのヘーゲル批判によくありがちの、「絶対精神」は、哲学の言葉で偽装あるいは歪曲された神だというような安易な断定は避けねばならない。

無論、「歴史」全体が一つのまとまりをなしていて、それを主導する「絶対精神」なるものがあるという見方は、現代人にとってはあまりにも形而上学的でついていけない、そんなものは信じられない、と感じる人は少なくないだろう。そこでヘーゲル研究者の中には、「絶対精神」を実体的なものではなく、「歴史」の一つの「終わり」に向かっていく発展傾向を叙述するためのヴァーチャルな形象のようなものと見なして、その内実にあまり立ち入らない人たちもいる。そうすれば、ヘーゲルの思考から社会哲学もしくは社会科学基礎理論的な側面を救い出しやすくなる。しかし、そうすると、では、諸社会がデタラメに変化するのではなくて、発展していると言えるのは何故か、という疑問が再浮上してくる。

「自由」における自己実現の可能性

そこでヘーゲルが注目するのが、個々の主体に備わった「自由」になろうとする傾向である。「自由」を求める主体たちの振る舞いが「歴史」をその最終ゴール（「終わり＝目的」）に向けて発展させていくのである。「自由」と「歴史」に関するヘーゲルの考え方が最もはっきり定式化されているのは、ヘーゲルがベルリン大学で計五回開講した講義（一八二二―一八三一）の記録が死後、弟子や息子によって編集・出版された『歴史哲学講義』（一八三八初版、四〇第二版）である。この中でヘーゲルは、「精神」の本質は「自由 Freiheit」であるとしている。「自由」は、自己とはどういう存在であるかを意識し、その自己意識に従って、本来の自己を実現しようとする無限の可能性を含意している――先ほど、「精神」の自己反省について述べたことである。

自由は、自分自身を目的として遂行するものであり、精神の唯一の目的です。この究極の目的にむかって世界史は仕上げられていくし、この究極目的への供え物として、地球という広い祭壇の上に、長い年月にわたり、ありとあらゆる犠牲が捧げられるのです。この究極目的だけが自己を貫徹し、完成させるものであり、あらゆる所与の事態や状況の変化の中で唯一の恒常的なもの、真に力を発揮するものであり続けるのです。

精神＝自由が「歴史」を通して自己実現するための「手段」として用いるのが、自らの欲望や情念、利益＝関心に従って活動する諸個人である。つまり、それぞれの自己実現＝自由を求める個人たちの活動を利用するわけである。諸個人の自己実現の努力の帰結として、社会的に有用な様々な発明・発見がなされ、大きな成果が挙げられる。しかし当然のことながら、各人が自分の欲望や情念を無制約（自由）に追求すれば、相互の利害が対立して争いとなり、お互いの安全が保障されず、命さえ危険になるかもしれない。そうなると、発明や発見がなされてもその成果が長期的に生かされることなく、台無しになるかもしれない。そうなると、各人の創意工夫の意欲もなえてしまうだろう。

ホッブズとルソーの「自由」

トマス・ホッブズ（一五八八―一六七九）は、人々が自己保存のために自らの自然権（自由）を国家の主権者に対して全面的に譲渡することになる、として国家の存在を正当化した。しかし、それだと、個人が自由に振る舞える余地がほとんどなくなり、「精神」は諸個人の活動を「手段」として活用することができない。ルソーは、特定の個人を主権者とするのではなく、国家を構成する市民全員を主権者とし、全員の（本来の）意志である「一般意志」に各人が自発的に従うという形の社会契約を取ることで、個人の自由や幸福と、全体の福祉や安全の間の矛盾は解消すると主張した。言い換えると、みんな（私たち全員）の全面的な合意によって予め決めたルールに従って、みんな（私たち）が決定したことに私が従うのは、自分で決めたことに自分が従う（＝「自律」という意味での自由）のと同じであり、むしろ、自由の実現と見なすべき、という理屈だ――これについて詳しくは拙著『今こそルソーを読み直す』（NHK出版・生活人新書）を参照されたい。純理論的には確かにその通りなのだが、「〇〇のルールに従って決めたことは、私たちみんなの意志（一般意志）と見なそう」、という合意に人々がどうやって到達するのかという疑問が生じる。そういう取り決めをして、みんなで同じルールに従うようにしたら、確かに秩序は保てそうだが、本当にそうなるかは分からない。自分だけバカ正直にルールを守って損することになるかもしれないし、ルールを守ることでみんなの意欲が抑制され、社会的損失の方が大きいかもしれない。

「市民社会」に近代的意味を与える

ただ、現実の社会には利己的で感情的な人間が圧倒的に多いにもかかわらず、一定の秩序が保たれ、法が機能しているのは確かである。身分が固定していた封建制が崩壊し、力による押さえ付けが弱まったにもかかわらず、商工業者や知識人（教養階層）を中心に形成された「市民社会」には、私法や市民的道徳に基づく秩序が働いているように見える。そこで、当人たちの意図と関係なく、社会全体として見た場合、諸個人の行為の目的が自然と調整されているのではないか、という考え方が生まれてきた。アダム・スミス（一七二三―九〇）は、『諸国民の富』（一七七六）で、市場において自らの私的利益を求める諸個人の行為が、交換を介して秩序化され、分業という形で効率化も促進されることを主張した。カントは歴史哲学的な論文『世界市民的見地から見た一般史の構想』で、利己的な人間だからこそ、他者から攻撃されないよう、社交的に振る舞おうと努力し、それが公共的秩序の形成に繋がるという「非社交的社交性 ungesellige Geselligkeit」という概念で、歴史の過程において、個人間でも社会・国家間でも、争いごとを解決する秩序が生じ、それが次第により包括的なものになっていく理由を説明した。

ヘーゲルも『法哲学要綱』でスミスやカントの議論を受けて、「市民社会 die bürgerliche Gesellschaft」は、人々が様々な欲求を、追求する「欲求の体系 das System der Bedürfnisse」であると同時に、「労働」を通じて相互に依存し合っている「全面的依存の体系 ein System allseitiger Abhängigkeit」でもあるという視点から分析し、市民たちの相互扶助の仕組みである民法や職業団体や福祉行政が整備されていくこと、そしてそれが、より人々の自由を保障すると共に完全な秩序をもたらす「国家」へと発展していくことの論理的必然性を説いている。それまで「政治社会＝国家」とほぼ同義に用いられることもあった、「市民社会」という言葉に近代的な意味を与え、その本質を最初に哲学的に規定したのはヘーゲルである。

「一般的理念」と「法」「人倫」「国家」

『歴史哲学講義』では、彼自身のものも含めた従来の議論を踏まえて、私的動機と歴史の発展の間の一般的関係について論じている。アレクサンダー大王（前三五六―前三二三）やカエサル（前一〇〇―前四四）のような歴史的な偉業を成し遂げる人物は、自らが遂行している事業に欲望や情念を傾けるあまり、邪魔になるものは人でも物でも神聖な存在でも簡単に排除してしまうので、不道徳の人として見えることがある。しかし、個人的に不道徳であることとか、その結果として人生において不幸だとか幸福であるといったことは、歴史を貫く一般的理念の実現とは直接関係ないのである。

特殊な利害に対する情念と、一般的なものの現実化は不可分の関係にあります。というのも、特殊で限定されたものから、その否定から一般的なものが帰結してくるからです。特殊なものは互いに争い、その一部が没落していきます。対立と闘争の中で危険に晒されるのは一般的理念ではありません。一般的理念は、攻撃されることなく、無傷のまま背景に控えているのです。情念の活動がひとりでに進行し、一般的理念の実在化に寄与したものが損失を被り、被害を被ることを、一般的理念がそのまま放置していることを、理性の狡知と呼ぶことができるでしょう。

抽象的で分かりにくい表現をしているが、ここで「一般的なもの das Allgemeine」とか「一般的理念 die allgemeine Idee」と呼ばれているのは、「法」、「人倫（道徳）Sittlichkeit」、

「国家」などに具現されている、各人や小集団の個別の利害や欲望を超越した「理念」であり、「共同体的精神」の構成要素である。「特殊なもの das Besondere」というのは、そうした個別の利害や欲望のことである。一般化・客観化された法や道徳の「理念」は、私人間での争いごとが激化し、裁判などの公的な場での判断に委《ゆだ》ねられる時は、判定のためのガイドラインになるが、争っている人たちの心身を直接導くようなことはしない。秩序を守るための枠組み（闘いのためのリング）だけを提供し、その枠組みを壊そうとしない限り、各人がそれぞれの特殊な利益を追求するがままにしておく。

自分の利益や情念の実現を求めて争い合うことで各人は傷つき、損害を被るが、それを通して他人の権利を無視した、無理な自己実現は自ずから控えるようになる。結果的に、当人たちにその自覚はなくても、「一般的理念」に従うようになる。それによって「一般的理念」への信用は高まり、安定度は増す。社会が大きくなり、複雑度が増して、新たな利害関係が生まれてきて、人々に新たな争いが始まると、人々の自然発生的な相互抑制を通して、より洗練された形での「一般的理念」が登場し、次第に効力を持つようになる。そうやって、「一般的理念」の統合された総体としての「国家」の下で、恣《し》意《い》的で自然な衝動のままに従う個人の〝自由〟が次第に制御され、法や道徳に適合した、理性に適った真の自由が実現されることになる。

現実の闘争や消耗戦も肯定

このように、利己的な諸個人の間の衝突が起こっても問題はなく、むしろそれを糧として、「一般的理念」が生成・発展していく。現実に衝突が起こった方が、バカでもその大変さを身をもって知ることになり、行動パターンを自ずから変えることに繋がる。いわば、「絶対精神≒理性」が自己実現のために、現存する人間の愚かさ、先見の明のなさを利用しているかのように見える。それが、「理性の狡知 List der Vernunft」である。人間には自己の振る舞いをセーブする一定の理性や共感能力が備わっていると見るスミスやカントと違って、「理性」の名において、現実の闘争や消耗戦をも肯定し、自らの理論体系に積極的に組み込むところにヘーゲルの歴史哲学の特徴がある。ナポレオンが戦争によってヨーロッパ諸国に現実に損害を与えても、それも、「一般的理念」の新たな生成、絶対精神の自己展開に寄与するのである。こうした闘争を歴史の原動力と見る発想が、マルクスの階級闘争史観に継承されるわけである——『精神現象学』では、「主」と「僕」の間の命がけの闘争を通して、主体性と自由が獲得されていく、有名な「主と僕」の弁証法が展開されているが、これについては第二章、第三章で詳しく検討することになる。

「歴史」の終わりとナポレオン

啓蒙思想家とフランス革命

『歴史哲学講義』の最後で、啓蒙主義とフランス革命の意義について論じられている。啓蒙思想とは、「理性」の法則こそが自然法則、正義、善等に関する真理の尺度であるという前提に立ち、各人が自らの理性を使用し、意志決定する自由を得ることを奨励する思想である。ドイツでの啓蒙は、カント哲学に見られるように、自分自身の意志の在り方を律する――情念や一時的な思い付きによって意志が左右されることがないよう自らの意志を律する――という形式的・内面的なものにとどまった。

理論と実践を繋ぎ、社会の中で自由を実現することに成功したのは、フランスの啓蒙思想家たちである。プロテスタントの影響の強いドイツでは、宗教や哲学のような知的思考は内面的な問題に専念し、社会における権利や義務に関する問題は国家に任せる傾向が支配的であった。それに対してフランスの知識人たちは、宗教の影響から脱して、社会の中で自由に思考するようになった。彼らは哲学を出発点として、現実世界を変えようとした。それがフランス革命である。しかし、フランス革命を指導した哲学的原理は抽象的なものであり、各人が市民としての徳――古い利害や慣習に囚われることなく、（新体制の下で期待される）市民としての義務を果たす心構えがあること――を具えているかを、権力者の視点から恣意的に判断し、徳がないとされたものは死へ追いやられる可能性がある、恐怖政治が生まれた。ロベスピエール（一七五八―九四）の暴力的支配は、暴力によって終焉させられ、混乱が続いたが、その混乱を収拾したのがナポレオンである。

ナポレオンは統治権力を軍事力として樹立し、再び一個人の意志として国家の頂点に立つことになりました。彼は支配の術を心得ていて、まもなく国内を平定しました。弁論家、イデオローグ、原理に拘る人たちの残党は追いやられ、もはや不信ではなく、尊敬と畏怖が世情を支配するようになりました。彼はその性格の恐るべき力をもって次に国外に眼を向け、全ヨーロッパを従え、自由な体制を至る所に広めました。未だかつてこれほど大きな勝利が収められたことはなかったし、これほど天才的な行軍がなされたことはありませんでした。

個人の力量によって国家の安定と、個人の自由と財産を保障する「自由な体制 liberale Einrichtungen」を両立させ、かつそれをヨーロッパ全体に拡大したナポレオンの功績をヘーゲルは高く評価している。フランス革命とナポレオンの活動を一体のものと見なしたうえで、それを「世界史的 welthistorisch」な事件と呼んでいる。ナポレオン戦争によって、フランス革命の原理がほとんど全ての国に対して呈示され、導入されることになった。自由主義は、フランス、イタリア、スペインといったラテン系諸国の支配的な思想になった。しかしナポレオンの失脚後、反動が起こり、人々は再び隷属状態に置かれることとなった。ヘーゲルに言わせると、宗教改革が起こっていないこれらの国で、政治改革を先に行うことに無理があったのである。フランス革命以前から人民に一定の自由を保障していた英国は、その基本制度を保持し続けているが、ヘーゲルからしてみれば、英国の国家体制は特定の身分や団体に対して与えられ、慣習的に継承・拡大されてきた既得権の寄せ集めであり、実際に国を統治しているのは、人民ではなく、不平等で腐敗した選挙によって選ばれた議会である。

ドイツで発展した自由主義

それらの国々に比べて、宗教改革を経たうえで、フランス革命の理念を受け容れたドイツ諸邦の方が、自由主義がきちんと根差しているように見える、という。フランス軍の侵略を受けた後、国民の力でその圧迫を斥けることに成功したドイツでは、自由主義が独自の制度的発展を遂げた。

ドイツの主軸となったのは、権利の法ですが、それらの法律は言うまでもなく、フランスの圧迫によって、それまでの政体の欠陥が際立って白日のもとに晒されることによって生じてきたものです。神聖ローマ帝国という偽りは完全に消滅し、いくつかの主権国家へと分立しました。封建的拘束は廃止され、財産と人身の自由の原理が基本原理となりました。あらゆる市民が有能で仕事ができさえすれば、国家の公職に就くことができるようになりました。統治は官僚の世界の中にあり、頂点に立つのは君主の個人的決断です。既に述べたように、最終的決定は不可欠です。ただし法が安定し、国家の組織がはっきり規定されていれば、国家にとって本質的な問題が、君主の単独での決定に委ねられることはほとんどなくなります。高邁な君主を有することは人民にとって大きな幸運ですが、大国にとってはそれほど重要なことではありません。大国には理性の力があるからです。小国はその存立と安全が他国によって保障されているので、真の独立国家ではなく、戦火の試練に耐えることはできません。

この見解は、啓蒙的君主の下で近代化・自由化を進めている大国プロイセンの現状を美化する性質のものであり、哲学者としての公平な観察とは言いがたいが、それでも、ヨーロッパの歴史の発展の方向性に対するヘーゲルなりの見通しを示している。ナポレオンによって広められた「自由」の理念は、反動を引き起こしながらも、着実に定着しつつある。特にプロイセンのような宗教改革によって自由の精神に対して準備のできた国家において、法や官僚組織に支えられて、真の自由が現実化しつつある。講義のほぼ末尾に当たる部分で、「歴史」の流れにおける「自由」の役割について、以下のようにまとめている。

意識はここまでやって来たのです。そしてここまで述べてきたことが、自由の原理の実現形態の主要な要素なのです。世界史は自由の概念の発展に他ならないからです。しかし客観的な自由、実在的な自由のための法律は、偶然的な意志を抑制することを要求します。偶然的な意志の求める自由は形式的なものにすぎないからです。客観的なものそれ自体が理性的であれば、人々の認識はこの理性にふさわしいものになるはずであり、主観的自由の本質的な要素も社会に備わってきます。(……)哲学は、世界史に反映する理念の輝きとだけ関わるものです。現実における直接的な情念に基づく運動のうんざりさせられそうな内容は、哲学の考慮の外に置かれます。哲学の関心は、実現されつつある理念の発展過程、つまり自由の意識として存在するしかない自由の理念を認識することだからです。

ヘーゲル＝コジェーヴの帰結

このようにヘーゲルにとって、世界史全体は最初から、「自由」が思想的にも制度的にも発展拡大し、現実化していく過程であり、その過程を見届けることが「哲学」の使命である。この視点から、先に話題にした、ナポレオンのイエーナでの勝利の意義を改めて考えてみると、この勝利によって、フランス革命によって理念的に確立された普遍的な「自由」の原理がヨーロッパ諸国に拡大することが確定的になった、ということになる。このことについてコジェーヴは『ヘーゲル読解入門』の中で触れている。同書の中心になっているのは、一九三八／三九年度に行われた講義の記録であるが、その内の、『精神現象学』の第八章（最終章）の最後の部分を扱った第十二回の講義の注の一つに、第二版（一九六八）で追加したかなり長めの付記での言及である。この注に対応する本文では、「精神」の生成としての「歴史」の中での「人間」の役割、自然の中に生きていた動物が「人間」へと生成していくことの意味、そして「歴史の終わり」以降、役目を果たし終えた「人間」はどうなるのか、といったことが論じられている。

付記の中でコジェーヴは、イエーナの会戦のうちに、本来の意味での「歴史の終わり la

fin de l'Histoire」を見ていた点でヘーゲルは正しかったことを私は把握した、と述べている。それは、「人間 l'Homme」の歴史的発展が終局（terme）にして目標（but）、つまり「終末」に達していたということでもある。

それ以降に生じたことは、フランスにおいて現実化した普遍的革命の力が、ロベスピエール―ナポレオンによって、空間において拡大するということでしかなかった。真に歴史的な観点から見ると、二つの世界大戦はそれに至る大小の革命をも含め、結果として、（現実的にあるいは潜在的に）最も進んだヨーロッパの歴史的位置に周辺地域の遅れた文明を並ばせただけのことだった。もしもロシアのソヴィエト化と中国の共産化とが（ヒトラー体制を仲介としての）帝国ドイツの民主化やトーゴの独立への接近、更にはパプア人の民族自決以上のものであり、これらとは異なっているとすれば、それはもっぱら、中国とソ連におけるロベスピエール―ボナパルティズムの現実化によって、ナポレオン以後のヨーロッパが、程度の差こそあれ時代錯誤的な、革命以前の遺物の多くを除去するよう急き立てられるに至ったということでしかない。

ナポレオンの勝利によって「歴史」における「自由」をめぐる戦いの最終的な帰結は既

に確定していて、それ以降の世界史は、その勝利が全世界に拡大し、定着するだけの過程であったのである。「歴史」は私たちが気付かないうちに既に終わっていて、私たちは「終わり」の時を生きている、という発想は、神秘思想か終末論系の神学のようでついていけないという人は少なくないだろう。そもそも、たとえ「自由の勝利」という望ましい形を取るとしても、「歴史の終わり」が予め定められているかのような議論自体がおかしい、という疑問がある。

しかし、私たちそれぞれの内にある「自由」への根源的な欲求とその目覚めに眼を向けると、ヘーゲルの言っていることはそれほど突拍子もない話ではないように思えてくる。私たちは物心つくかつかぬほどの幼い時は、自分が周囲の大人の指示に従い、自分で決めさせてもらえることがあまりないことにさほど疑問を持たない。わがままを聞いてもらえず、駄々をこねることはあっても、自分の生活や行動全般を自分の意志で制御しようとは思わない。また、学校や職場、所属団体の中で自分の立場や役割がよく分からず、上の者に従うしかない状態にある時は、従うこと自体にあまり疑問を持たない。しかしある程度、自分の意志で判断し行動する能力を身に付け、誰にも妨げられることなくかなり自由に振る舞える立場に長くいると、再び従属的な状態に戻ることに耐えられなくなる。従属状態に戻るよう強制されると、強く抵抗するし、強制を受けることを苦痛に感じる。そうやって社会の中に「自由」に目覚めた人が増えると、彼らを無理に抑圧すると秩序維持が困難になるので、自由主義的な体制に移行せざるを得なくなる。ナポレオン戦争が「自由」に目覚める人を大量に生み出したとすると、水が高い所から低い所へと流れていくのを止められないように、歴史が自由の実現へと進んでいくのを止めることはできなくなる。ヘーゲル＝コジェーヴはその当然の帰結を言い表したにすぎないとも言える。

「歴史」の終わった後

アメリカを「階級なき社会」と形容

フクヤマは、「歴史の終わり」における「自由」の実現を、東欧の社会主義諸国に対する西欧の自由民主主義の勝利として解釈しているが、先の引用に見られるように、コジェーヴの見解はそれとはやや異なる。コジェーヴはソ連や中国も、違った経路で自由化の道を辿っていると考えているのである。ゴールは一つなのである。コジェーヴによると、ナポレオン戦争以降に残った過去の遺物の除去が最も進んでいるのは北米である。

事実上の「階級なき社会」の全てのメンバーが今後、自らの心が望む以上に働かなくても、自分たちに良いと思われるものを全て我がものとすることができるようになるだろう、という点から見れば、合衆国は既にマルクス主義的な「共産主義」の最終段階に到達しているとさえ言うことができよう。

アメリカを、みんなが自分の欲しいものを手に入れることのできる「階級なき社会」と形容するのは、今から考えると、質の悪い冗談にしか見えないが、コジェーヴがこの付記を書いた一九六八年には、一般庶民も自らのライフスタイルに合わせて多様な財やサービスを消費する生活を送ることができる、あるいは、そういう生活を送ってもらわなくては困る大量消費社会に入りつつあったアメリカが、「共産主義」を体現しつつあるように見えたとしても、それほど不思議ではない。〝みんな〟が各自固有の欲望を発展させ、消費を楽しむことを、更なる経済発展の原動力とする大量消費社会を、人類はまだ本格的に体験していなかったのである。マルクスは『ゴータ綱領批判』（一八七五）で、共産主義社会の最終段階では、「人々は能力に応じて働き、必要に応じて受け取る」ようになると述べているが、豊かになっていくと共に格差が縮小しつつあるように見えたアメリカは、その理想を事実上具現しつつあるように見えたのである。アメリカのリベラル左派の代表的な経済学者ガルブレイス（一九〇八―二〇〇六）が、私的セクターにおいて「豊かな社会」になったアメリカが直面する新たな課題について論じた『豊かな社会 The Affluent Society』を著したのは、一九五八年のことである。あるいは、現代アメリカの経済格差がどれほどの不満を産み出しているとしても、古代や中世の不平等社会に生きていた人からしてみれば、〝ほぼ共産主義社会〟ということになるのかもしれない。

「人間性」を喪失して「動物性」へ回帰

コジェーヴはこうした［消費面で高度に発展した資本主義→共産主義］という認識を前提として、事実上の「階級なき社会」であるアメリカに生きる人々は、「歴史の終わり」の後の生活様式を体現しつつある、という歴史哲学的に意味深な主張をするに至る。

ところで、（一九四八年から五八年までの間に）合衆国とソ連を数回旅行して比較してみて、私はアメリカ人が豊かになった中国人やソヴィエト人の姿であるという印象を得たのだが、それはソヴィエト人や中国人がまだ貧乏な、ただし急速に豊かになりつつあるアメリカ人でしかないということだ。アメリカ的生活様式（American way of life）はポスト歴史的な時代に相応しい生活様式であり、合衆国が現に世界に現前していることは、人類全体の「永遠に現在する」未来を予示するものであるという結論へと私は導かれていった。こういうわけで、人間（l'Homme）の動物性への回帰はもはや来たるべき一つの可能性ではなく、既に現前する確実性として現れたのだった。

「ポスト歴史的な時代 la période post-historique」というのは、字面上矛盾しているように聞こえるが、ヘーゲルにとって「歴史」というのは単なる物理的な時間の経過ではなく、「人間」たちの自由をめぐる闘争を介して、「絶対精神」が自己の本質を現実化していく過程であるということを思い出そう。「歴史」の「目的」が達成され、終局に到達して以降の時間の流れのことである。「アメリカ的生活様式」というのは、先に述べたような、身分・階層的な制約がない状態で、各人がそれぞれの嗜好に合わせた消費生活を送っている状態を指す。

では、「アメリカ的生活様式」を営むようになったヒトが、どうして「人間性」を喪失して、「動物性 animalité」へと回帰するのか？　コジェーヴの目から見て、アメリカ的な消費生活はレベルが低いということで、ののしり言葉を発しているだけではない。この場合の「動物性」は、先に述べた、ヘーゲルの「人間」観と密接に関係している。ヘーゲルによれば、「人間」の本質は、自らの身体が属する「自然」の秩序に抗い、「自由」を求めて、「絶対精神」の自己生成の運動＝歴史に参加することにある。「自然」の中で生命体として無自覚的に生き続け、自由になろうと努力しないのであれば、「精神」の営みを知らない他の動物と同じである。「ヒト」は本来の自己を探究し、自己を実現すべく活動することを通して、「人間」へと生成し、発展し続ける。逆に言えば、「歴史」が終わり、「自由」をめぐる闘いが終わり、「自由」に関わる欲求が全て充足してしまったら、もはや「人間」であり続ける理由はない。

「ポスト歴史」にも「人間」が存続する可能性

ヘーゲル自身は、「歴史の終わり」の後の〝人間〟の在り方について直接的に語っていないが、コジェーヴは、「歴史の終わり」における「人間の消滅 disparition de l'Homme」を明言する。「歴史の終わり」以降、「人間は自然（Nature）あるいは所与の存在（l'Être donné）と調和した動物として生き続ける」。一九九〇年代後半から、ポストモダン系の代表的な論客として注目されるようになった東浩紀（一九七一―　）が、ポストモダン社会を象徴する存在であるオタクの本質を表すキーワードとして流行らせた「動物化」は、こうしたコジェーヴの議論に由来する。コジェーヴのヘーゲル理解を更に日本の若者文化に即して変形した、東流の「歴史の終わり」論によると、（再）動物化したオタクは、普遍的な自由をめぐる闘争、「人間」であり続けるための闘争をやめて、それぞれの個別化した消費欲求に忠実に生きる存在ということになる――東浩紀『動物化するポストモダン』（講談社現代新書）、特に第二章を参照。

ただ、コジェーヴは「アメリカ的生活様式」から読み取った「動物化」の可能性を強く呈示したすぐ後で、それとは異なる形でのヒトの在り方、つまり「ポスト歴史」にも「人間」が存続する可能性を示唆している。彼がもう一つの可能性に思い至るきっかけになったのは、一九五九年の日本旅行だという。

「ポスト歴史の」日本の文明は「アメリカの道」とは正反対の道を進んだ。恐らく、日本にはもはや語の「ヨーロッパ的」あるいは「歴史的」な意味での宗教（Religion）も道徳（Morale）も政治（Politique）もないだろう。だが、純粋な状態でのスノビスムがそこでは「自然的」あるいは「動物的」な所与を否定する規律を創り出していた。これは、その効力において、日本や他の国々において「歴史的」な活動（Action）から生まれたそれ、すなわち戦争や革命の形での闘争や強制労働から生まれた規律を遥かに凌駕していた。なるほど、能楽、茶道、華道などの日本特有のスノビスムの頂点（これに匹敵する高みはどこにもない）は貴族や富裕な人々の専有物だったし、依然としてそうだ。だが、執拗な社会・経済的な不平等にもかかわらず、全ての日本人は例外なく、全面的に形式化された価値に基づいて、すなわち「歴史的」という意味での「人間的」な内容を一切持たない価値に基づいて、生きている状態に現にある。そういうわけで、究極的には、どの日本人も原理的に、純粋なスノビスムにより、完全に「無償の」自殺を行うことができる（古典的な武士の刀は飛行機や魚雷に取り替え可能である）。この自殺は、社会的あるいは政治的な内容をもった「歴史的」価値に基づいて遂行される闘争の中で生命の危険を冒すこととは何の関係もない。日本と西洋世界との間で最近始まった相互交流は、結局、日本人の再野蛮化ではなく、（ロシア人をも含めた）西洋人の「日本化」に帰着するだろう。

無歴史的に形成されたもう一つの人間性

「スノビスム snobisme」というのは、通常は社会的ステータスや学識、芸術のセンスの高さを気取った態度を指す言葉だが、コジェーヴは、文化的な様式美に徹しようとする自負心のような意味で使っている。コジェーヴの理解では、自分に固有の様式美に拘る「日本人」は、真の自己を探究したり、自由になろうとして他者と争ったり、自らの奉じる価値の普遍性を主張したりしない。自由と普遍性を追求する「歴史」や「人間性」とは無縁である。しかし、再動物化して、自らの身体的・自然的欲求にだけ従っているアメリカ人とは違って、確立した「様式」に徹するという形で、自らの動物性を制御し、自己に規律(disciplines)を課しているように見える。それをコジェーヴは、無歴史的に形成された、もう一つの「人間性」と見たのである。

日本人の眼からすると、日本的な様式美を理念的に美化しすぎであるように思える。第二次大戦中の特攻を、切腹の延長で捉えることにも無理がある。しかし、〝自由に向かっての精神の普遍的発展史への参加〟を前提としなくても、文化的な様式美によって自己を律する「人間」の在り方というのは、それなりに説得力のある考え方である。スローライフとかロハス、ヴィーガンのような生き方をする人は、スタイルの美学によって自己を律しているように見えるし、現代社会の中に存続する宗教的あるいはエスニックな共同体の多くはそれぞれ固有の自己規律の様式を保持している。普遍的な「人間性」の名の下での自己規律(人間化)を理想として掲げるのをやめる代わりに、ローカルな自己規律の諸様式をそれに換え、複数の「人間」像を併存させる、というのは——実効性は別として——それほどおかしな発想ではなかろう。東の言っている「動物化」も、単純に動物的な欲望丸出しの存在になるということではなく、この意味での「日本化 japonisation」の意味合いも含んでいる。(少なくとも『動物化するポストモダン』の段階の)東は、オタクには——たとえ世間一般からは理解されなくても——彼らなりの確立された生活スタイルがあり、その枠内で自己の欲望を制御していることを示唆しているように、私には思われる。

ヘーゲルの「歴史哲学」は、西欧近代が実現しようとしてきた普遍的な「人間性」の理想をどう評価し、今後それをどうしていくか、という問題と深く関わっているのである。自由な自己を実現すべく世界史の中で戦い続ける「人間」というヘーゲル的なイメージを捨てるのは容易なことではない。ヘーゲル的な［歴史―人間］像抜きで、普遍的な人権や道徳を哲学的に根拠付けるのは可能だろうか？　これは、現代の社会哲学の最も重要なテーマである。

もう一つの「歴史の終わり」方

ハーバマスのヘーゲル理解

コジェーヴ、フクヤマ、東は、「歴史の終わり」を一応の前提としたうえで、「ポスト歴史」における〝人間〟の可能な在り方を論じたわけであるが、ヘーゲルの歴史哲学にまつわるもう一つの大きなテーマがある。それは、一つの「終わり」に向かって世界全体、全人類を巻き込みながら進んでいく、「普遍的歴史」というのは実在するのかという問題である。

「精神」を物質もしくは生産に置き換えたマルクス主義も、「終わり」に向かっていく「普遍的歴史」を想定していた。現代では、ヘーゲルを読んで直接的に影響を受けたという人は激減しているし、唯物史観やそれに類する歴史の発展法則をめぐる理論を自覚的に信奉する人は少なくなった。しかし、人間が次第に理性的に思考・行動するようになり、道徳の基本が共有されるようになると信じて、人権やヒューマニズムを掲げ、活動している人たちは、何らかの形で、「人類の普遍的進歩の歴史」を想定せざるを得ない。そういう想定がないと、自分たちの活動が、人類の置かれている状態の改善に寄与すると信じるのは困難になる。

ヘーゲル＝マルクスの「歴史の終わり」論を、現代の社会科学の知見や道徳的な規範をめぐる哲学的議論の現状と大きな齟齬が生じない形に変形して維持していこうとしている人たちと、「目的」に向かっていく「歴史」という考え方自体が西欧近代の幻想であり、それに固執することは無益だとする立場がある。前者の代表格は、一九六〇年代以降ドイツの思想界をリードし、政治哲学における熟議的民主主義論の第一人者でもあるハーバマスである。ハーバマスは、マルクス主義と精神分析を結合させたネオ・マルクス主義的な理論装置によって、人間の内外の自然を抑圧し、合理性の名の下に同化できない他者を排除する「啓蒙主義的理性」の暴力を告発した、テオドール・アドルノ（一九〇三―六九）やマックス・ホルクハイマー（一八九五―一九七三）などのフランクフルト学派――フランクフルト学派については拙著『現代ドイツ思想講義』（作品社）を参照――の系譜に連なる理論家であり、学派第二世代のリーダーと見なされることが多い。初期のフランクフルト学派は、ヘーゲル＝マルクス的な歴史哲学を、進歩の裏面として、資本主義的文明の中で人類が自分自身を疎外し、不幸に陥れ、全体主義的な野蛮に退行する可能性を暗示する歴史観として読み替えた。しかしハーバマス自身は、市民相互の理性的コミュニケーションの積み重ねによって、（個人の自由を尊重する）自由主義と（多数派の意志による統治を意味する）民主主義を調和させながら、普遍的正義に近付いていけるとする、ポジティヴでソフトなヘーゲル主義の立場を取っている。

リオタールは「歴史」を一つの「物語」とした

後者の立場の代表は、『ポストモダンの条件』（一九七九）で、ポストモダン社会の特徴や知の状況を簡潔に描き出し、「ポストモダン」という言葉を流布させることに大きく寄与したフランスの哲学者ジャン＝フランソワ・リオタール（一九二四―九八）である。リオタールは、「歴史」を意味するフランス語の〈histoire〉やドイツ語の〈Geschichte〉が「物語」という意味も持っていること――英語の〈history〉と〈story〉も、もともと「物語」を意味するギリシア語の〈historia〉に由来する同じ言葉であった――に着目し、普遍的・客観的な法則に従って単線的に発展していく「歴史」というのは、近代の啓蒙主義が生み出した一つの「物語」にすぎないのではないか、と主張する。

啓蒙主義者たちは、科学を味方につけて、自分たちのルールによる言語ゲームを社会的正統性の唯一の源泉としてきた。それは、科学的言語ゲームに従属しない、他の「語り」を、非合理的なもの、非真実として排除するということである。科学的言説がどうして正統性の唯一の源泉になるのか、改めて考えてみるとはっきりした理由は分からないが、科学の社会的有用性が広範に認められるようになったことによって、いつのまにか宗教や伝統的慣習芸術など、他の言語ゲームを押しのけて〝普遍性〟を獲得していった。西欧を越えて、世界中にその影響が拡大していくという意味での〝普遍性〟でもある。科学それ自体が発展し、それに対応してより高度な技術が、我々の生活を便利な方に変え、かつそれに伴って個人が自由に行動できることが増えているのは確実であるように見えるので、科学・技術を基準にすると、ヘーゲル＝コジェーヴ的な「普遍史」を想定するのはさほど無理がなさそうに思える。

しかしリオタールに言わせると、ポストモダン化した社会では、各種のメディアによって科学に関する情報が人々に広く共有され、科学の専門家と公衆の知識の差が絶対的なものでなくなり、かつ、科学の各部門、各研究領域・テーマごとに見方が異なっていることが次第に明らかになった。科学の成果によって、戦争や事故、人体への害などのリスクが高まるのは周知のこととなった。〝科学〟と名乗りさえすれば、〝正統性〟を得られるというわけではなくなりつつある。普遍的「歴史」が、やはり様々なフィクションを含み、人々の慣習的な見方や願望を反映した「物語」であったことが、改めて露わになろうとしている。科学を中心とする「近代」を支えてきた、法や政治、経済等の諸言説は、未開の部族社会で、当該社会を維持すべく先祖から伝承されてきた「語り」と本質的に違わないのではないか。単に、その適用範囲が大きいというだけで。リオタールにとって「歴史」とは、そうした、「大いなる語り grands récits」の集合体にすぎない。

ハーバマスとリオタールの相違点

「歴史」に対するハーバマスとリオタールの見方の違いは、両者の言語観と不可分に結び付いている。ハーバマスにとって、言語の本質は、相互了解を求める人々のコミュニケーション的行為である。私たちは、独り言を言ったり、他人に指図したり、相手を攻撃したり、出し抜こうとするなど、自己中心的に言語を使うこともある。しかし、そうした場合でも、相手に理解させ、その応答を期待して言葉を発している以上、相手との間で何らかの合意を形成し、知識や規範、価値評価を共有することを意志しているはずである。そうでなかったら、相手からのリアクションがなかろうと、理解されなかったり、ひどく曲解されようと、自分の身に直接危害が加わらない限り、一切気にならないはずである。コミュニケーションの最終的挫折を回避し、正常な回路に可能な限り戻すべく更に言葉を発することに拘るのであれば、根底に了解し合いたいという欲望がある、と想定せざるを得ない。そして、私たちの日々の生活の中心が、言語的コミュニケーションを介しての関係性の構築・調整であるとすれば、私たちの振る舞いを規律する規範も、コミュニケーション的な合意をベースにしたものになるはずである。周囲の他者たちが——議論をした場合——合意してくれそうなルールを採用するようになる。人々の交流の範囲が拡大すると、それまでのなじみの共同体のメンバーだけでなく、より多様な価値観や生活様式の人とも合意できそうな、普遍的規範を求めるようになる。そうやって、道徳や法の進化が生じてくる。

ハーバマスの扱っているテーマは、市民的公共圏の生成史（『公共性の構造転換』〈一九六二〉）→相互行為論的な視点からの唯物史観の読み替え（『認識と関心』〈一九六八〉）→コミュニケーション的行為の一般理論の構築（『コミュニケーション的行為の理論』〈一九八一〉）→討議倫理（『討議倫理』〈一九九一〉）→熟議的民主主義（『事実性と妥当性』〈一九九二〉）→公共圏における宗教の役割（『自然主義と宗教の間』〈二〇〇五〉）と変遷しているが、コミュニケーションを中心とした道徳・法・政治の進化を論証しようとする姿勢は一貫している。スミス、カントからヘーゲルが継承した、社会秩序の進化論を、コミュニケーションをベースにする形で再定式化する試みを続けていると言える。

それに対してリオタールは、言語の本質を人々の間の対立を際立たせる「抗争différend」にあると見ている。社会の中で様々な立場にある人々は、それぞれ自分たちの利害・関心に適う言説を有効なものとして流通させようとして「抗争」する。裁判を例に考えると分かりやすい。裁判では、たとえ基本的な事実関係についてはほとんど争いがない場合でも、原告、被告双方とも、自分が争点として挙げている事実が重要であり、相手側が拘っている点は関係ないか、周辺的な意味しかないと主張する。医療裁判であれば、原告＝患者側がインフォームド・コンセントのプロセスに焦点を当ててストーリーを作ろうとするのに対し、病院側は、投薬や手術の科学的適切さに焦点を当てたストーリーを作ろうとする傾向がある。判決が出ると、いずれかのストーリーのみが妥当とされ、他方は失当として却下される。社会的問題をめぐる公共の場での論議に、裁判のようにはっきり白黒が付くことはあまりないが、それでも、社会の中で定型化されてメディアで流通している言説同士が争って、一つだけが勝ち残って正当なものとして流通し、他はおかしな言動として無視されるということはしばしば起こる。

言語哲学的問題

「抗争」という契機を重視するリオタールにとって、ハーバマスのように合意に基づく進化を論証しようとする理論は、言説の背後にある「抗争」を隠蔽し、多数派や勝者の言葉に、普遍性の装いを与え、敗れた者たちの抑圧に寄与する暴力性を秘めている。勝者にとっての〝自由〟の増大は、敗者がより強く抑圧されるようになることを含意しているかもしれない。『ポストモダンの条件』でリオタールは、啓蒙主義の擁護者としてのハーバマスをはっきり名指しして批判している。リオタールの「抗争」論は、ヘーゲル哲学から「闘争」という契機だけ取り出し、言語論として再構成することで、〝歴史の進歩〟という想定を根底から疑問に付すものだと言える。リオタールだけでなく、ミシェル・フーコー（一九二六―八四）やデリダも、言説の背後にある、あるいは言説によって構成される力の鬩《せめ》ぎ合い、権力関係に注目し、言語的コミュニケーションによる合意と、それに基づく普遍的な規範形成に期待を寄せるハーバマス等と鋭く対立している。

先にコジェーヴ解釈の文脈で取り上げた東浩紀の動物化＝オタク化論は、「普遍的なコミュニケーション能力に根差した人間性の進化論」と、〝普遍的な人間性〟を目標にした道徳哲学に批判的なリオタール＝フーコー的な立場の中間に位置すると見ることができる。再動物化したオタクたちは、万人と人間性の理想を共有するために必要なコミュニケーション能力を身に付けるべく努力しようとする意志はないが、同じ趣味の仲間同士の間ではむしろ濃密なコミュニケーションを志向し、サークル内の規範を形成しようとする。ネット上のヴァーチャル・コミュニケーション・スタイルに注目するネット社会論には、この意味での中間的な傾向が強いように思われる。ヴァーチャル・コミュニティ論の多くは、哲学的に動機付けられているわけではないので、ヘーゲル的な［人間―歴史］観との関係は理論的に鮮明にならないが、東等の議論を媒介にして、社会思想史的にそういう位置付けをすることもできよう。

ヘーゲルの歴史哲学をどう評価するか、という問題は、人と人を関係付ける言語の働きをどのように捉えるかという言語哲学的問題と不可分の関係にあるのである。逆に言うと、言語の規範的・価値的性格をめぐる議論は、ほぼ不可避的に、ヘーゲルをめぐる問題圏に通じている。

第二章　「主」と「僕」の弁証法

「主／僕」の闘争とは？

人間の精神世界内でのみの存在

先に述べたように、コジェーヴは、「自由」へと向かっていく絶対精神の運動（＝世界史）を進める原動力として、『精神現象学』で描かれた「主 Herr」と「僕 Knecht」の間に繰り広げられる命がけの闘い、「主／僕」の弁証法を重視している。当然、この場合の「主」と「僕」というのは、現実の主従関係や身分的上下を直接的に指しているわけではない――少し後で見るように、ヘーゲルの言う「主／僕」関係が、どの程度リアルな社会的関係に対応しているのか一義的に解釈するのは困難である。問題なのは、「主」的な立場にある人と「僕」的な立場にある人それぞれの意識の在り方と、両者の間に生じる関係性だ。『精神現象学』自体における「主／僕」の弁証法の記述は、日本語訳で数ページ程度のごく短いものだが、ヘーゲルの言葉遣いが抽象的であるうえ、話の進め方が雑然としていてかなり分かりにくいので、以下では、私なりの理解に従ってかなり補う形で、その概要を紹介することを試みる。

ヘーゲル自身の定義によると、「主」は「自立的で、対自的な存在を本質とする意識」

であり、「僕」は「非自立的で、対他的存在を本質とする意識」である。「対自的存在 das Fürsichsein」というのは、自分自身と向き合って、あるいは、自分自身のために存在している、ということである。「対他的存在 das Sein für ein Anderes」とは、他者との関係で、あるいは他者のために存在している、ということである。

「存在」という言い方は、現代の日本人には大げさに聞こえる。「生きている」くらいの言い方の方がいいように思える。本格的に哲学を学んだことのないドイツ人もそう思うだろう。しかし、自然界には、人間が「主」とか「僕」という概念で名指しするものは実在しない、ということを念頭に置くと、多少ピンと来やすくなるだろう。事物や出来事、お互いの社会的役割や地位に名前を付け、概念的に整理して把握しようとする人間の認識活動、及び、それによって互いの社会的関係を調整しようとする実践活動がなかったら、「主」も「僕」も存在し得ない。「主」も「僕」も「(共同体的)精神」が活動している領域、言語を媒介にして成立する人間の精神世界内でのみ「存在する」のである。

このことを前提に、「主であること」「僕であること」の意味を考えてみよう――ドイツ語の〈sein〉動詞は英語の be 動詞のように、「〜がある(存在する)こと」という意味の他に、「AがBである」と言う時の「〜である」(繋辞)としての意味もある。「主」である人間も、「僕」である人間も、「主」あるいは「僕」としての在り方の他に、「〜の息子である」とか「～の夫である」「○○人である」「身長の高さ△△である」、といったいろいろな在り方をしている。「主であること」も「僕であること」も、それらの他の在り方全てを捨象し、一つの関係、「主／僕」関係だけに絞った存在の捉え方である。ヘーゲルはそうした抽象化した意味での「主であること」の本質が、「自立的で、対自的存在であること」、「僕であること」の本質が、「非自立的で、対他的存在であること」だと述べているのである。わざわざ極めて抽象的な表現を用いているヘーゲルの意に反することになりそうだが、どういうことか少し具体的なイメージで考えてみよう。

人間相互の関係における「主」と「僕」

「自立的」であるというのは、自分が「主」であるために、他者の助けを必要としないということである。「対自的存在」であるというのは、自分が「主」であることの意味を、自分で把握している、自覚している、ということである。他人の意向など気にすることなく、自分が何者か、どうあるべきかを自分で決め、その通りに振る舞っている。そういう在り方をしているということである。これは、現代日本でよく使われている大衆社会学用語で言えば、純粋な「俺様」状態にある、ということである。純粋な「俺様」は、他人の意向も、社会的な現実も関係ない。逆に、「俺様」の関わる全て、世界は「俺様」の意のままになる。〝神〟である。無論、いくら傍若無人に振る舞っても、現実の世界は「俺様」の思い通りにならず、「俺様」も無自覚的に、他人の意向を忖度《そんたく》しているわけだが、ヘーゲルが哲学的に定義する「主であること」は、そうした不純な要素は一切含まない。

他者の意向に一切配慮しない「主であること」に対し、「僕であること」は、自分単独では存在できない、自分の在り方を自分で決めることができない、他者（主）のために存在していることを意味する。「僕」の行為全ては、主の意向を実現するために遂行される。PCや携帯が持ち主のためにあるように、「僕」は「主」のためだけにある。現実のPCや携帯は、他人が使うこともできるが、持ち主しか起動し、操作することができない設定になっている、高度にカスタマイズされたAIのようなイメージで考えれば、いいだろう。「主」が関心を持たなかったら、「僕」の立場にある人間の肉体は存在しても、「僕」の本質である、「僕としての精神」は存在しないのである。

このように高度に抽象化した形で定義される「主（であること）」と「僕（であること）」は、特定の人間関係というより、人間相互の関係における「主体／対象」関係、「能動性／受動性」を示しているように思える。恐らくヘーゲル自身、そのつもりで「主／僕」に言及しているのだろう。「主／僕」が出てくるのは、私たちの自我の内でどのようにして自己意識や自立性が成立するかを論じる文脈においてである。「主」は、人間の主体としての能動的側面を、「僕」は他者の対象となる場合の受動的側面を代表していると言える。ただ、そう考えると、常に純粋に能動的で、他人から働きかけられることがない人間はいないし、その逆に、常に純粋に受動的で、他人に働きかけることがない人間はない。どれだけ主体的な人間でも、自分では決めることが不可能であり、周囲の他人に任せざるを得ないことがある。誰も自分の誕生の瞬間をコントロールすることはできないし、自分がどういう考え方、価値観をしているか全面的に自分だけで決めることはできない。その逆に、どんなに受け身の人間でも、何らかの形で自分から他人に働きかけざるを得ない時がある。相手の意向に忠実に従って行動しようとすれば、相手に向かって言葉を発し、意向を尋ねて理解するという自発的行為が必要になる。

更に言えば、「主」と「僕」という言葉が通常対になって使われることから分かるように、両者はある意味一定不可分の関係になる。「僕」(的存在)のいない「主」(的存在)はいないし、「主」(的存在)のいない「僕」(的存在)はいない。ヘーゲルは、「主」と「僕」が現実の世界において、「物 Ding」を介して相互に関係していることに注意を向ける。

「身体」と「精神」の統一

「主」は日々の生活のために、一定の量の「物」——飲食物や衣類等——を消費しなければばならない。そのためには、「物」を手に入れ、加工し、消費できる形にする必要がある。しかし自ら「物」の世界と積極的に関わろうとすると、「主」は「物」の抵抗に遭遇する。「物」は人間の思い通りにならない。「物」と正面から格闘すると、つまり衣食住を得て、生き延びるべく奮闘していると、精神的な主体性＝自由を働かせる余地はほとんどなくなる。動物と同じような行動パターンを取らざるを得ない。つまり、ほぼもっぱら物理的因果法則のみに従って行動することになり、「自由意志」でその良し悪しを判断したり、熟考のうえ、する／しないを選択する余裕はなくなる。人間の身体はもともと、「自然」の一部であり、因果法則に従っている。「精神」がある、「精神」的な活動をしているということは、そうした自然の因果法則からある程度解放されていることを意味する。

因果法則に従う「身体」と、自由意志によって自己の在り方を決定する「精神」とをどうやって一つの人格として統一的に把握するのか、というのはデカルト（一五九六―一六五〇）以来、近代哲学の重要なテーマである。キリスト教神学のように、神の創造の業における予定調和を前提にするわけにはいかない。カントは、因果法則に従う感性的な自己の在り方と、自らの従うべき道徳法則を発見して、自発的に従う（実践）理性の働きをそれぞれ別個に首尾一貫性をもって描き出すことを試みたが、それによって、身体と精神の統一的把握は余計に困難になった。『精神現象学』のヘーゲルは、最初から「身体」と「精神」の異質性を際立たせるのではなく、感性的な知覚の中で徐々に働き始めた自己意識が次第に、周囲の「物」の抵抗を克服し、自立性を高めていく過程――いわば、物心ついていない赤子が自立した人格になっていく過程――を描くことで、「身体」的なものと「精神」的なものとの相関関係を明らかにしていく戦略を取っている。

「主」の「精神」的主体としての自覚

このように、「主/僕」関係は、「精神」が「物」の世界への拘束から徐々に離脱し、逆に自らの意志によって「物」の世界を支配するようになる過程において重要な役割を果たす。「主（体）」にとって「僕」の存在は、二重の意味を持つ。一つは、他人である「僕」に肉体的な仕事を任せること、自分が「物」を使って実行したいことを「僕」に命じて代行させることで、自分自身は「物」に強く囚われることなく、「物」に対して支配的な影響を及ぼすことができるようになる、ということだ。無論、「主」も肉体を持っているので、「物」の世界の法則から全面的に解放されるわけではないが、少なくとも自分の頭で考え、決断する余地はぐっと広がる。現場で体を酷使する作業員がいるおかげで、科学者や技師が理論的な作業に専念し、精密な機械や実験・観測装置を作ることができる、ということを念頭に置くと、ピンと来やすくなるだろう。あるいは、古代ギリシアやローマで奴隷の労働に支えられて、哲学や芸術、政治の技法が発達したことを念頭に置いてもいいだろう——『精神現象学』では、歴史的・具体的な身分制度に触れられていないが、十年後に刊行された『エンツィクロペディー（哲学的諸学の百科全書）』（一八一七初版、一八二七第二版、一八三〇第三版）の第三部「精神哲学」では、ギリシア・ローマの奴隷制や、ギリシアの僭主政治などが例として引き合いに出されている。精神と身体の分業である。この分業のおかげで、共同体的な「精神」が発達し、自由で創造的な主体たちが登場できる可能性が拡がる。

もう一つは、基本的に他者であり、言語や法、慣習など非物理的な形で命令を伝える必要がある「僕」と接することが、「主」が「精神」の世界に目覚めるきっかけになる。「精神」を介さないで働きかけることができる、というよりそうするしかない、動植物や鉱物ばかりを対象としていたのでは、たとえ「主（体）」の内に「精神」の萌芽のようなものがあったとしてもそれを発達させることができない。「精神」を「形成＝陶冶 bilden」して、「教養 Bildung」を高めるには、他の精神的存在との関わりが必要だ。そのとりあえずの相手になるのが「僕」だ。更に言えば、「僕」は、「主」が単なる肉ではなく、「精神」的な存在であることを認めてくれる。「僕」の承認（Anerkennung）によって、「主」は「精神」的主体としての自覚を保ち続けることができる。

「主／僕」関係に潜む矛盾

「僕」の両面性

このように、「僕」は「主」が「主体」になるための踏み台として重要な役割を担っているわけだが、よく考えてみると、「僕」の二つの役割の間には矛盾がある。「僕」が、「主」に代わって、「物」の世界との格闘を一身に引き受け、因果法則に強く囚われている一方で、「主」と「精神」的な繋がりを有しているという点である。無論、現実に存在する「僕」には両面性があり、程度問題だ、と言うこともできるが、二つの役割の間に矛盾があり、両立するのが困難であることは否定できない。少し具体的に考えてみよう。

私たちが自らの「精神」としての在り方を自覚し、「精神」的に意義のある活動に従事するには、犬や猫のように、こちらからの働きかけに対して単に物理的に反応するだけでなく、こちらの言葉やサイン、身振りなどに含まれる意味を理解し、それに対して自らの意志で応答するように見える相手が必要だ。しかし、「主」の生活を支えるべく肉体を酷使している「僕」だと、そうした知的な応答は難しい。犬や猫のように、機械的に反応するだけになりがちだ。特に「主」を日常の細々したことで煩わせないよう、命令される前に何を「主」が欲しているか予め察し、自動的に行動する習慣が付くと、その傾向が更に強まる。

「主」からしてみると、いちいち口ごたえしたり、どういうふうにやってほしいのか説明を求めるような「僕」ではなく、黙って実行してくれるような「僕」であればあるほど、自分自身が「物」から解放されるうえで都合がいいが、そういう相手だと、「精神」的な関係を結ぶことができない。無論、「僕」ではなく、自分と同じような立場の人間と交わればいいわけだが、ここでは、自由な人間として相互に承認し合えるような成熟して意識に至る以前の段階、すなわち、世界の中心には自分しかおらず、他人は、自分の命令を無条件に実行してくれる僕か、逆に無条件に従わねばならない主のどちらかでしかないような発想しかできないような幼い意識の段階にある人間を想定して話を進めよう。そういう全面的に自分本位の「主」にとって、「僕」が担う物質的な因果法則から解放してくれる役割と、精神的な交流相手としての役割は、反比例することになる。

「主への恐怖」が「知恵の始まり」

ヘーゲルによると、「僕」は常に自分の存在に対して不安を抱いている。それは、絶対的「主」の下での死の恐怖である。この恐怖のため、「僕」は内面的に崩れ、根源的に揺さぶられ、自らの内の支えとなるべきものを奪われてしまう、という。「主」の所有物であり、いつ「主」の気まぐれで抹殺されるかもしれない。そのため自分というものがこのまま存続するかどうか分からない。従って、将来を見据えて統一的な自己のイメージを保持するのが困難である。死の恐怖に圧倒されてしまうと、各瞬間に起きることしか意識・記憶できなくなる。

「僕」がそういう不安定な状態に置かれ続ければ、その「僕」の働きに物質面で依存している、「主(体)」の存在も危うくなる。ヘーゲルは、この矛盾のゆえに「主/僕」関係が崩壊し、両者の立場が転倒する可能性を示唆している。「主への恐怖 die Furcht des Herrn」が、「知恵の始まり der Anfang der Weisheit」だという。どういうことだろうか。「僕」が「主への恐怖」ゆえの自己解体を経験するということは、裏を返して言えば、それだけ強く自己の存在を意識していること、そしてその自己意識の内容を否定(変更)し得ることを意味する。「(今の)自分がいなくなるかもしれない」、という不安は、「僕」が自分という存在をネガティヴな形ではあれ意識していないと、論理的に不可能である。そして、自己意識は何らかの形で、自分自身が消滅したり、変容するかもしれないことを含意している。〝意識状態〟に一切変化がないままだとすると、周囲の環境と自分自身の存在を区別する自己意識は存続し得ない。自己意識の変化の極限が、「死」だと考えられる。「僕」が、「死」を意識しているということは、自分がある時間の流れの中で——永遠にではなく——一定期間だけ存在していることを意識していることだと考えられる。生まれたての赤ん坊やほとんどの動物は、そうしたネガティヴな自己意識さえ持っていないように見える。加えて、ある他者を自分の「主」として認識（→承認）するということは、もっぱら受動的に存在している自己とは異なるあり方、死の恐怖を一方的に受けるのではなく、むしろ与える側としての存在の仕方もあり得ることを認識する、ということである。

こうした「知恵」によって、「僕」をして自己の状態を「主」のそれへと近付けるべく努力する動機がいつしか生じてくる。当面は、「主」の命令を果たす中で、なかなか思い通りにならず、自分を受動的な状態に縛り付けている、物的な環境に打ち勝ち、それを支配することを試みる。それが「労働 Arbeit」である。「労働」とは自己の「欲望 Begierde」を抑制しながら、「物」に手を加え、利用可能な対象へと形成する営みである。「労働」を通して「僕」は次第に自己形成し、自発的な意識を持続的に保持し続けられるようになる。「労働」の能力を身に付けた「僕」は、「主」の「欲望」を充たすうえで欠くことのできない存在なので、そのことが互いの間で了解されると、「死への恐怖」は次第に緩和されていく。こうした「僕」の〝主体〟化は、子供が親や教師の指示・指導の下で、世界に対する有益な働きかけ方を学び、社会的に有用な存在へと自己形成していく過程を象徴していると見ることができよう。

ヘーゲルの「労働」論

「労働」によって自己形成する「僕」は、それまで自らを恐怖に陥れていた、外的な力を克服し、「物」を意のままに操れるようになっていく。そして「労働」によって作り出された「対象」の内に、「僕」は自らの「対自的存在」を見出す。言い換えれば、「対象」の内に、それを作り出した自らの本性を見出し、それを契機として、持続的で安定した自己意識を獲得する。絵画や彫刻、演劇などの芸術的創作で、自ら作り出した作品を通して、自己認識が明確になり、自分が何を求めているか分かって、次の創作の手がかりを見出すというのとパラレルに考えれば分かりやすいだろう。

若い時にヘーゲルと相互に影響を与え合ったシェリングは、芸術に特化する形で対象を通しての自己直観――自分自身の存在を直観的に見て取ること――の問題を論じている。ヘーゲルの「労働」論と通じているところがあるが、シェリングが「芸術」や「神話」に見られる無意識レベルで進行する〝自己〟直観を重視するのに対し、ヘーゲルの「労働」論は、社会的に客観化され、創作主体だけでなく、他の人々にも理性的に認識・利用可能な対象に焦点を当てる。「労働」は自己の形成＝教養と、社会の啓蒙に寄与する。「労働」によって作り出された「対象」は、外化された自己とでも言うべき性格を持っており、「私」にとって鏡のような役割を果たす。慣習的規範（Sitte）や法、学問のような制度的なものも、広い意味での「労働」の産物、「僕」的な状態にあった人びとの自己意識が自発性を獲得していくための媒体と見ることができる。「世界史」は、「僕」（従属）的な状態にあった圧倒的多数の人々が、「労働」によって厳しい自然環境を克服し、自由な「主（体）」になっていく過程である。更に言えば、こうした歴史の中に登場する「僕」たちの「労働」を介して、「絶対精神」がより高次の自己認識（実現）を目指して運動している、と言うこともできよう。

人間の「自己＋他者」意識の発展

　ところでヘーゲルは、「労働」によって能動性を獲得した「僕」が、自らに対して「否定的作用を及ぼす異質なもの das fremde Negative」を「否定」することになると述べている。この「否定的作用を及ぼす異質なもの」というのを、単に「物」、外的な自然環境と解釈するのであれば、人間同士の対立は生じないが、そこに「主」も含まれると解釈すると、話は違ってくる。それは当然、「主」に対する「僕」の反乱の可能性を示唆していると見るべきだろう。西欧の歴史では何度も、奴隷や農奴の反乱が起こっている。ヘーゲルが『精神現象学』を書いたのが、フランス革命―ナポレオン戦争の時代だということ、彼自身がフランス革命に熱狂し、古いヨーロッパ諸国を打ち破った成り上がり者であるナポレオンに世界精神を見ていたことを念頭に置くと、どうしても、「僕」の現実的な反乱の可能性を考えたくなる。

ヘーゲルは「主／僕」関係についてかなり抽象的な記述をしており、「主」が最終的にどうなるか述べていない。そのため、「主」というのは、未発達な自己意識の段階にある「僕」が到達すべき理想状態、親とか教師のような導き手を象徴するものであり、実体的な支配者ではないと解釈することもできる。だとすると、反逆、革命が必然的だと考える必要はなくなる。ヘーゲルが言うような絶対的な「主」や「僕」が実在したとは考えにくいし、反逆や革命がほとんどない社会や時代もあるので、そういう解釈をした方が現実的だろう。ただ、そうだとしても、人類の歴史の中で、他の人々に先駆けて「主（体）」の状態に達し、「僕＝他者と自然への従属」状態に留まっている人々を導いている人がいることになり、その人たちは、どうやってその状態に達したのか、という理論的な問題は残る。また、たとえ実際に「主」が「僕」の生殺与奪の権を握る所有者でなく、指導者的な立場にあるにすぎないとしても、「僕」状態にある人が「主（体）」になった時、両者の関係はどう変化するのか、という疑問もある。

また先に述べたように、「主」は自らは「労働」することなく、「僕」の労働によってその生活上の必要性を賄われている存在、欲望を充足してもらえる存在として描かれている。「労働」という面で見れば、「主」の方が「僕」に物質的に依存している。「僕」のおかげで、「主」は俺様状態を続けられる。そういう「主」が、「僕」にとっての主体性のモデルになる、というのは考えにくい。主体性の理想のモデルとして想定される「主」と、リアルな「主」の間にはギャップがあるということなのか？　――下の立場から見上げると、立派に見えるので、実体とギャップがあってもそれなりの役割を果たしている親、教師、上司の話だと考えると、それなりに理解できる。

「主／僕」関係を梃《てこ》にして、人間の「自己＋他者」意識（＝「対自＋対他」的存在）の発展を考えさせようとするヘーゲルの着想は秀逸だが、ヘーゲルの書き方がコンパクトすぎるため、すっきりと一つの筋で解釈するのは難しい。どのように解釈しても、何か切り捨てることになってしまう。しかし、それこそがヘーゲルのテクストの魅力だと考える人も少なくない。

「労働」をめぐる闘争

「承認」と「自己意識」

コジェーヴによると、ヘーゲルは、イエーナの会戦におけるナポレオンの勝利を、普遍的承認を求める人々の間で繰り広げられる、生死を賭けた闘争（Kampf auf Leben und Tod）の帰結と解している。この「闘争」から、「主」と「僕」の弁証法的な相互依存関係と葛藤が生じ、それが世界史を動かす原動力となる。この場合の「承認」とは、「物」に対する自己の権利を他者に認めさせることである。他者の「権利」を認めることは、法、そして共同体的生活の基礎であり、それがいかにして可能になるかは、ヘーゲルが主として『法哲学要綱』で追究したテーマである。コジェーヴの「主／僕」の解釈は、「権利の承認」という視点から明快な一貫性を持って展開されている。

近代的国家論の創始者ホッブズは、国家や法が存在しない「自然状態」では、各人が他者の身体を含めて全ての事物を自分のために利用しようとするので、限りある資源をめぐる闘争が生じる。万人に対する万人の闘争である。自らの身体と所有物に対する「権利」を、他者に認めさせない限り、人間は安心して存在し続けることはできない。コジェーヴ

＝ヘーゲルは、この意味での「承認」と「自己意識」の成立の間に不可分の関係があるという議論を展開する。

　自己意識が存在するには、哲学が存在するには、所与としての自己に関して、自己の超越がなければならない。そしてこれは、ヘーゲルによれば、欲望が、所与の存在ではなく、存在しないものに向かわなければ不可能だ。存在するものを欲すること、これはこの所与の存在によって自己を充たすこと、自己をこれに隷属させることである。存在しないものを欲すること、これは自己を存在から解き放つこと、自己の自律、自己の自由を実現することである。（……）換言すれば、実在する所与の物に向かう動物的欲望の充足へと定められた活動は決して自己を意識する、人間的自我を実現するには至らない。

「欲望」することが自由な「人間的自我」の条件

　この場合の「所与 donné」というのは、物理的・物質的な所与、自然環境によって規定されたままの状態と考えていいだろう。既に見たように、「物」の世界の因果法則にそのまま従っているのであれば、動物と同じであり、人間らしさ、「自律」という意味での

「自由」の介在する余地はない。「欲望 Désir」というのは、自分に欠如しているものを獲得しようとすることだが、目の前にある現に存在するものを「欲望」するだけであれば、他の動物と変わらない。「(目の前に物理的に)存在しないもの non-Être」を欲望してこそ、「物」から自由になり、自分で自分を制御する「自己意識」を獲得したと言えるわけだが、それは具体的に何を「欲望」することなのか?

カントであれば、自己の人格の完成とか、他の人格との間の道徳的関係性の樹立といった、極めて抽象的な内容が〝欲望〟の対象——カント自身は、これらの〝対象〟に対して欲望(Begierde)という言葉は使わない——ということになるだろうが、コジェーヴ＝ヘーゲルは、「他者の欲望 un autre Désir」を「欲望」することが、自由な「人間的自我」の条件だ、という。「他者の欲望」を「欲望」するという言い方は、一見漠然としすぎて摑みどころがないように聞こえるが、これは私たちの日常の大部分を占める極めて具体的な欲望である。私たちは絶えず、他人が何か欲望しているかを意識している。特に自分に関係する内容を強く意識している。「私」は、目の前にいるAさんが、「私」がここにいることを不快に思わないこと、私の存在を歓迎してくれること、あるいは、「私」にかまわないで無視すること、「私」がAさんに対して抱いている苛立ちを無視してくれることなどを望む。また、Aさんが、「私」と同じ食べ物やスポーツ、旅行などの趣味を持つこと、

「私」の友人であるBさんに対して好意を持ってくれることなどを望む。Aさんが「私」自身も含めて特定の対象（物）に対して、特定の内容の欲望を抱くことを、「私」は欲望している、と言える。

人間的であるためには、人間は物を従えるためではなく、（物に対する）他者の欲望を従えるべく活動しなければならない。人間としてある物を欲する人間は、物を手に入れるためよりはむしろ（……）この物に対する自己の権利を他者に承認させ、物の所有者としての自己を承認させるために活動するのである。それは——最終的には——他者に対する自己の優位をその他者に承認させるためである。それは、そうした承認（Anerkennung）を求める欲望にほかならない。それは、非生物学的な人間的自我を創造し、実現し、開示する、そうした欲望に発する活動にほかならない。

「闘争」から「歴史」が始まる

国家のような機関によって、各人の「権利 Droit ＝ Recht」の範囲が確定すれば、「物」の所有をめぐる深刻な争いは原理的に解決されるはずだが、ここでコジェーヴが論じているのは、それ以前の自然状態的な関係性である。そういう状態にあっては、「物」に対する「私」の「権利」を認めさせるというのは、他者がそれが「私のもの」だということを認め、もうあなたのものに手出しすることは致しません、という恭順の態度を取るように仕向けることである。無論、相手の方が自分よりも力が強かったり、喧嘩がうまかったり、出し抜いてやろうという意欲を持っているとしたら、いつ態度が変わるか分からない。力関係は変わらなくても、不意を襲われ、「権利」を剥奪されるかもしれない。そうならないようにするには、個々の「物」に関してだけではなく、相手を全面的に支配下に置いて隷属させ続けるしかない。自分が隷属させる側になれればいいが、隷属させられる側になれば、いつ自分の命まで奪われるか分からない。そのため人々の間で「生死を賭けた闘争」が展開し、その帰結として「主／僕」関係が成立する。

この関係は、物理的な力のバランスがベースになっているので、両者の意識が「物」から完全に自由になっているとは言えないが、コジェーヴの見方では、両者とも「他者の欲望」を支配すべく自らの命を賭けたことによって、生物学的な所与（＝「物」の次元）を超え、自己意識＝自由＝精神の領域に入ることになる。群れの存続のために自己を犠牲にする行動をする生き物はいるが、他の個体に自己の権利を承認させるために命を賭ける動物はいない。非物質的なものをめぐる命を賭けた「闘争」によって、「人間」が生まれ、「歴史」が始まったのである。

ヘーゲルは、直接生命に関わらない目的に到達するために自らの生命を危険に晒すことのできない存在、すなわち承認のための闘争、純粋に威信を求める闘争に自己の生命を賭けることのできない存在は、真に人間的な存在ではない、と述べる。／したがって、歴史的かつ自己自身を意識する人間的な実存は、血の闘争、威信をめぐる戦争のあるところ、あるいは——少なくとも——あったところでなければ不可能である。ヘーゲルが『精神現象学』を書き終えようとしていた時に耳にした砲声もまたこの闘争の一つが発した音だったのであり、その中で彼は、「私とは何であるか」という問いに答えるべく、自己を意識したのである。

「歴史の終わり」テーゼは「主／僕」の弁証法の帰結

このコジェーヴの読みが当たっているとすると、ヘーゲルにとってナポレオンが偉大であったのは、フランス革命の理念の体現者であっただけではなく、闘争の最終の勝利者でもあった、と少なくともイエーナの会戦の時点ではそう見えていたからである、ということになろう。「闘い」が人々に、生物学的な生の向こう側、自己意識＝自由＝精神の領域があることを教えたのである。

「闘い」に勝った「主」は、「僕」を従属させ、自らのために「労働」させるようになったことによって、「自然を隷属させ、そのようにして自己の自由を自然の中に実現する」。「僕」の方は、自然に隷属した状態に留まることになる。ただ、「僕」の「労働」は、「非物質的な観念に基づいて自然を変容させ」、「人間的欲望に適合した世界」、つまり「非自然的、技術的で、人間化された世界を創造する」役割を担っている。そうやって形成＝教養化（gebildet）された「世界」の中でこそ、「主」に代表される人間的欲望や自律性が培われる。その意味で、「僕」も「人間の歴史」の存立に不可欠である。

コジェーヴ＝ヘーゲルによれば、「人間は常に主であるか、僕であるかのいずれかであり、主と僕が存在するところにしか、真の人間はいない」のである。権利と威信（Prestige）の承認をめぐる「主」と「僕」の対立、どちらが「主＝勝者」で、「僕＝敗者」であるかという緊張関係の中から、（動物的欲望の中に留まることなく）自由な主体であろうとする欲望が生まれ、「歴史」が前進するのである。逆に言うと、「主」と「僕」の関係がなくなる時、「人間」は消滅し、「歴史」は「終わる」。コジェーヴ＝フクヤマの「歴史の終わり」テーゼは、「主／僕」の弁証法の帰結なのである。

こうした意味で、「主／僕」関係は単なる理念ではなく、歴史上の現実の身分や階級に対応している。そして、支配階級と、労働の担い手である被支配階級の間の対立関係から歴史の発展を説く、マルクス主義の階級闘争史観にも対応している。

「主／僕」の〝階級闘争〟

「主」よりも自分のことを知っている

先に述べたように、僕の労働奉仕に支えられる「自由な主体＝主」というのは、いかにも不安定である。その不安定さゆえに、「主／僕」の間には常に緊張関係があり、上下関係をひっくり返そうとする闘争が生じてくる。コジェーヴは、「主／僕」関係に内包される矛盾をかなり明解に描き出している。「主」の側から見ていこう。

「主」は「主」であるおかげで、物質的なことに煩わされることなく、自由に生きられる。そうした自らの現状に満足しているのではないかと思える。しかし、実際にはそうではない。「主」が「生死を賭けた闘争」に乗り出したのは、物質的な快楽に浸って生きるためではなく、他者によって「承認」されるためである。闘争の結果として、「僕」によって「主」として承認されることになったが、それでは「主」の本来の目的が達成されたことにはならない。彼が求めたのは、彼と同じように「人間」である「他者」に承認されることだからである。物の世界に拘束され、自由意志を持つことを許されていない「僕」

は「人間」とは言えない。彼は、もう一人の「主」に承認されないと、真に「承認」されたことにはならない。

しかしコジェーヴによると、これは「主」の定義上不可能である。「主」は、「僕」の立場で、他者の自らに対する優位を認めるくらいなら、死を選ぶ存在だからである。歴史上実在した奴隷所有者や専制君主の実情は別として、いかなる他者よりも常に優位にあることを自任し、決して下手に出ないのが「主」であり、「主」にとって、自分以外のヒトは「僕」である、あるいは「僕」としてしか扱えない存在である。だとすると、「主」は決して、本来の意味で、「主」としての「承認」を受けることがなく、あるがままの自己に満足することができない。

それに対して、「僕」の側は死への恐れゆえに「僕」としての地位を受け容れてしまったわけであるが、その恐怖の経験ゆえに、物質的な身体を持つ自分がいつか「無」に帰すことになる、はかない存在であることを知っている。その意味で、「主」よりも自分のことを知っていると言える。また、「主」への奉仕としての「労働」を通して、自分の本能(instincts)を抑制することができるようになる。

活動することによって僕は所与や自然(la Nature)や自らの本性(Nature)を否定し

変容させるのだが、それも観念に基づき、語の生物的な意味では存在しないものに基づき、主という観念に基づき、すなわち本質的に社会的、人間的、歴史的な概念に基づき労働する。ところで、非自然的な観念に基づいて自然的所与を変容させること、これはある技術を所有しているということである。そして、技術を生み出す観念は、科学的な観念ないし概念である。結局、科学的な概念を所有すること――これは抽象概念の能力である悟性（Verstand）――を賦与されていることである。／したがって、悟性や抽象的思惟や学問、技芸、これら全ては僕の強制労働にその起源を持っていることになる。したがって、これらに関係するもの全てを実現するのは主ではなく僕である。

「主」への要求

「主という観念l'idée d'un Maître」とは、他者である「主」を満足させるとか、「主」の幸福を増進する、「主」が「主」であり続けることを可能にする、といった形で設定される活動の目的、仮想のゴールだと考えればいいだろう。それは、「僕」自身の身体的欲望を満たすためではなく、自由な主体＝人間である（はずの）「主」が示す非物質的な性質のものである。そうした「主」から発するヴァーチャルな観念に導かれて「労働」し、「自然」を改造する中で、「僕」たちは、「悟性」によって抽象的概念を操作する能力――自然界の諸事物を分類し、それらの諸事物の間に働いている諸法則を同定する能力――を身に付け、科学・技術を発達させてきたのである。カントにあっては、悟性はア・プリオリな能力であるが、コジェーヴ＝ヘーゲルにあっては、「労働」の積み重ねによって、歴史的に獲得、形成される能力である。本章の少し前の箇所で、「主／僕」関係の解釈の可能性として、「主」の側に精神的な労働に専念できる余地が生じることを示唆したが、コジェーヴのように、精神的な労働も「労働」である以上、「僕」の営みであり、哲学者や科学者も「主という観念」に仕える「僕」の立場にあると規定すれば、「僕」の自己形成(Bildung)と悟性の発達に伴って、「歴史」が進展していく、ということになる。

コジェーヴは更に、「労働」は「僕」の「解放 libération」への道を切り開くと主張する。労働を通して自己を取り巻く所与(自然)の条件にそのまま従うのではなく、非自然的な観念に従ってそれらの条件を改編する中で、「僕」も自己の「自由 Freiheit」や「自立性 Selbständigkeit」を意識し、労働から生まれた抽象的思考の能力を駆使して、「自由」についての抽象的な概念を発展させていく。「僕」は、承認をめぐる闘争において自分の命を賭けることができなかったがゆえに「僕」になったわけであるから、当初は、自由の思想によって自分を内面的に解放するだけにとどまる。しかし、知恵を蓄えた「僕」

が命を賭ける勇気を持った時、彼らは自分たちも「人間」であることを承認することを、「主」に要求するようになる。そこで「闘争」が起こる。

承認をめぐる闘争史の終わり

「主」が自らの地位を維持するために「僕」に強制した「労働」が、後者に「自由」の思想を育ませ、「主」の絶対的優位を脅かす「闘争」を引き起こすのであるから、極めてアイロニカルである。その「闘争」が、人類を更に発展させることになるのであるから、弁証法的である。ここでヘーゲル哲学における「弁証法」とはどういうものか改めて確認しておこう。弁証法は、ある状態Aを措定すること（テーゼ These＝正）によって、その反動としてAを否定する事態B（アンチテーゼ Antithese＝反）が生じ、AとBの間での葛藤・闘争を通して、より高次の段階にある新たな事態（ジンテーゼ Synthese＝合）が生み出される、という形で進行していく事物の発展の論理である――ヘーゲル自身は、「正→反→合」という分かりやすい表現は使っておらず、専門的なヘーゲル研究者の間ではこの表現を使うことの不適切さを指摘する意見が強いが、ヘーゲルが三段階の発展図式を採用していたことは確かであるので、本書では、便宜的にこの分かりやすい表現を使うことにする。この場合は、ある時点における承認をめぐる闘争の敗者を「僕」にし、労働させること（正）が、「僕」の自由に思考する能力と意志を生み出し（反）、社会全体の教養（Bildung）の度合いを高め、従来の「主／僕」関係をラディカルに改編することになる（合）わけである。

コジェーヴの解釈では、「主」の「人間」的な活動は、承認のために自己の生命を賭したことに限られる。それに対して「僕」による「労働」は、自己自身と自然的世界を「形成＝教化 bilden」する。歴史を発展させるのは、「僕」なのである。「主」がいなければ、「僕」が「労働」へと差し向けられなかったのは確かであるが、「主」はそれ以上の積極的な働きはしない。「労働」とそれに伴って進行する「承認をめぐる闘争」を中心に展開し、「僕」の最終的な「解放」に向かって弁証法的に進んでいく、コジェーヴ＝ヘーゲルの「歴史」観は、マルクス主義の階級闘争史観にかなり似ている。階級闘争史観に接近させることを意図して、コジェーヴがヘーゲルを解釈しているのは間違いない。ただし、それはヘーゲルをマルクスの図式の中に取り込むためではなく、その逆である。マルクス主義では、歴史の発展を引き起こす原動力は、生産様式（生産力＋生産関係）であるが、コジェーヴ＝ヘーゲルは、「僕（≒被支配階級）」の自己意識が、生産様式も含めた歴史的世界の変容を引き起こすと考える。そして唯物史観の階級闘争史が、将来の「国家」の廃棄によって「終わる」のに対し、コジェーヴ＝ヘーゲルの承認をめぐる闘争史は、ナポレオンの勝利と彼の「帝国 l'Empire」の実現によって基本的に終わっていたのであり、先に見たように、東欧や中国の社会主義は、アメリカを中心とする西欧で既に始まっている「再動物化」のプロセスを後追いしているだけなのである。

国家において「公民」として「承認」

コジェーヴ＝ヘーゲルによると、ストア派の思想こそ、古代世界における「僕」の自由意識の最初の芽生えであると指摘する。高校の倫理で学ぶように、ストア派というのは、紀元前四世紀の末頃に、キプロス島出身の哲学者ゼノン（前三三五頃―前二六三頃）によって提唱され、ヘレニズム世界に広がった哲学である。倫理面では、理性による自制によって嫉妬や憤怒などの激しい情動から逃れ、「魂の平安」を得ることを説く。「闘争」とは無縁のように思えるが、コジェーヴ＝ヘーゲルは、ストア派が、その人が現実においてローマ皇帝であろうと奴隷であろうと、金持ちであろうと貧乏人であろうと関係なく、自分が自由であると知っていれば自由であると主張したことに注目する。これによって、奴隷たちは「隷属 servitude」という事実と自由という理想を和解することができる。無論、これは見せかけの和解であり、事実と理想の間の矛盾は残存する。その矛盾を理論上解消すべく、自分以外の存在の実在性を否定する独我論や、懐疑主義、虚無主義などの態度が生じてきた。

キリスト教は、彼岸にいる絶対的な「主」である神の前では万人が平等であるというイデオロギーによって、「僕」たちに現実の世界における「主」たちと闘争する必要はないと思わせてきた。フランス革命は、「僕」たちを彼岸と絶対的な「主」から解放する企てであった。その帰結として出来上がったナポレオンの帝国（絶対的国家）は、キリスト教が彼岸に設定していた国家を実現するものであった。

この国家において、各人は「公民 Citoyen」として普遍的に「承認」される、つまり国家に属する他の全ての公民によって「承認」される。その媒介になるのが「法」である。国家の「法」によって権利主体（人格）として「承認」されることは、同じように法を受け入れ、従っている他の「公民」から「承認」されることとイコールである。ナポレオンによる民法典などの各種の法典の制定は、普遍的相互承認の媒介としての「法」の網目を構築することを意味する。民法で財産権を保障することによって、物質的な生活の基盤をめぐる闘争の必要はなくなる。

少し注意する必要があるのは、市民社会の中で財産権を中心とする権利をお互いに認め合っているだけの「市民（ブルジョワ Bourgeois）」と、国家の法によって、自己の存在に対する普遍的な承認を獲得した「公民」との間の違いである。市民社会の中には、明確な

「主／僕」関係はないが、市民社会自体は普遍的に妥当する法秩序を具えておらず、各市民は孤立し、自分の財産しか頼るものがない。「承認」をめぐる闘争の原因が除去されたわけではない。ナポレオンの帝国のように、あらゆる人を強制的に包摂する絶対的国家の出現によって初めて、承認をめぐる闘争の歴史を終わらせることができるのである。

「承認」と「死」

「精神」と「教養の世界」の二重化

フランス現代思想におけるヘーゲル受容でコジェーヴに次ぐ大きな影響を与えたのが、『精神現象学』を最初にフランス語訳（一九三九）したジャン・イポリットである。一九四六年に同著を詳細に解説した『精神現象学の生成と構造』を上梓している。イポリットの教え子にはドゥルーズ、フーコー、デリダ、エチエンヌ・バリバール（一九四二―　）などがいる。フーコーは、決して完成に至ることがなく、自らの内に大きなリスクを抱え込んだ、限界の哲学としてヘーゲルのテクストを丹念に読解したイポリットによって決定的な影響を受けたと述懐している。

イポリットは、承認をめぐる闘争を軸に個人の自己意識の形成と共同体的な秩序の形成が相互に影響を与え合いながら進展していく（＝「教養」）とするコジェーヴの「歴史」観を大筋で継承しているが、コジェーヴが歴史を発展させていく人間の活動、特にナポレオンのような英雄の働きをあまりにもポジティヴに描き出していることについては批判的で、人間の営みの空虚さや自己矛盾を強調している。コジェーヴは、「労働」によって「精神」の本質が外化され、教養化された世界が出来上がっていくことを重視するが、イポリットは「労働」が主体の内外に及ぼす効果をさほど重視しない。

イポリットに言わせれば、「精神」が自己を外化する形で作り出した「教養の世界 le monde de la culture」は、次第に「精神」自体にとって疎遠な（étranger）ものになり、やがて対立するに至る。「教養の世界」の実在する諸制度——国家権力、法、道徳、名誉、富など——は、「精神」の本質を余すところなく現実化しているわけではない。しかし、一度成立すると当初予想されていなかったような仕方で人々を拘束し、「精神」の自由な活動を阻害するようになる。あるいは、実在する制度に単に惰性的に従っているうちに、当事者たちの意識が堕落するということもある。君主や国家のために献身していた貴族が、出世・金銭欲に囚われた廷臣に成り下がってしまうことがある。

「精神」それ自体と実在する「教養の世界」の間に対立があり、それが歴史の弁証法的な発展に繋がるというのは、ごく標準的なヘーゲル理解であるが、イポリットは、歴史が一つの「終わり」に向かって決まったコースを辿っていくという見方は慎重に回避する。むしろ、「精神」が自らの意志を——いかなる制度的な媒介によることなく——直接的に実現する「絶対的自由 liberté absolue」を求める以上、「精神」が分裂状態に陥り、「精神」それ自体と「教養の世界」に二重化するという事態は決して解消されないことを示唆する。

「絶対的自由」の危うさ

『精神現象学』の「精神」という章でヘーゲルは、既成の制度や価値観を破壊して、「有用性 Nützlichkeit = utilité」という視点から新しい秩序を構築しようとする「啓蒙（思想）」が自己意識の虚しさを露わにしたことを指摘した後で、恐らくフランス革命後の恐怖政治を念頭に置きながら、啓蒙思想によって鼓舞された「絶対的自由」の危うさを示唆している。これについてイポリットは、以下のように要約している。

> 従って、絶対的自由は、肯定的な仕事（社会的な構成や組織）も、肯定的な行動（政府の決定や活動）も生み出すことができないのである。「絶対的自由には、否定的な行動しか残っていないのである。絶対的自由は、単に破壊の狂乱でしかないのである」。

これこそが、まさに恐怖（la Terreur）の弁証法の意義なのである。（……）「したがって、普遍的自由のなしうる唯一の仕事と行動は、死なのである。もっと正確に言えば、いかなる内面的な広がりも持たず、いかなる内実もない死なのである。何故なら、否定されるものは、絶対的に自由な自己（Soi）といういかなる内実もない点のような存在だからである」。

「絶対的に自由な自己」にいかなる内実もないというのは、定義からして、「絶対的に自由な自己」にはいかなる固定した属性や傾向もなく、仮に何らかの形で自己を外化＝対象化したとしても、それに拘束されることなく、いつでも否定し、〃自己〃を全く別のものに変容させることができるはずということである。そうした具体的内実を持たない〃自己〃に対応するのが、恐怖政治（Terreur）を実行した革命政府である。

「純粋な一般意志＝絶対的自由」の危険

ルソーの理論に強く影響を受け、フランス人民の〃一般意志〃に基づく統治を実行しようとした政府は、〃一般意志〃に反した行動を取り、革命以前の状態に戻そうとする不純・反動分子を排除して、純粋な統治体制を作り出すことを目指した。ルソーの理論によれば、純粋に〝一般意志〟に基づく統治が行われることとは、「人民」が自律し、自由になることを意味した――ルソーの「一般意志」論と、それがフランス革命の指導者にどう受け止められたかについては、前掲の『今こそルソーを読み直す』及び『今こそアーレントを読み直す』（講談社現代新書）を参照されたい。その目的のために憲法や法律を作り、治安対策を打ち出したが、フランスの現状とかけ離れたあまりにラディカルな政策を実行したため、様々な葛藤を引き起こし、体制を不安定にした。そこで、そのような混乱が生じるのは、現政権自体が純粋な〝一般意志〟を代表していないからだと主張する、新たなグループが台頭して、現政権を倒し、〝一般意志を真に代表する〟新たな体制を創出し、新たなラディカルな政策を実行する。そして再び様々な葛藤が引き起こされ……。こうした恐怖政治が引き起こした悪循環は、人民を古い体制・考え方に縛り付けているものを徹底的に破壊することで、文字通り何ものにも囚われない、「純粋な一般意志＝絶対的自由」を現出させようとするイデオロギーの危険を示していると言える。

「絶対的自由」への強い志向が、市民の自由のために構築された諸制度を破壊してしまうという逆説を観察した（イポリットの）ヘーゲルは、国家や法に過大な期待を寄せることなく、人々の内面に構築される「道徳的世界観」に関心を向けていく。確かに『精神現象学』の記述の順序として、「絶対的自由と死の恐怖」について論じた後、テーマが「道徳」、そして「宗教」へと移行しており、ヘーゲルが内面へと転換した、という読み方は素直ではある。ただ、そうなると、カント、及びフィヒテ、シェリングなど他のドイツ観念論の理論家との決定的な違いは見えにくくなる。コジェーヴと違ってイポリットは、必ずしも分かりやすい「ヘーゲル」像を追求しておらず、むしろヘーゲルの議論が多面的に解釈可能であることを示唆している。

宗教の本質を哲学的知により把握

イポリットは、「歴史」という視点を持っている点でヘーゲルはカントとは異なっており、カント的な二元論（「自然界」と「道徳的世界」）の克服を目指していたことは強調する。その一方で、歴史の中での道徳的自己意識の形成をめぐるヘーゲルの議論を、自らの置かれた歴史的状況（の偶然性）を自発的に把握し、そこで自らの果たすべき義務を主体的決断によって選び取らねばならないことを説く、キルケゴール（一八一三—五五）からカール・ヤスパース（一八八三—一九六九）へと通じる実存主義的な議論と対比し、後者との類似性を示す解釈を試みている——キルケゴールは通常、あらゆる事物を「あれもこれも」と一つの論理で統合していくヘーゲル的弁証法に抗して、各主体に対して「あれかこれか」の決断を迫る逆説弁証法を提唱した人として知られる。

「宗教」に関しては、人間の一切の活動の根底にある宗教的感情の存在を主張した、同時代の哲学者・神学者であるシュライエルマッハー（一七六八―一八三四）や、非合理的な無意識の根底で働く神的な存在に眼を向けるマイスター・エックハルト（一二六〇頃―一三二八頃）やヤーコプ・ベーメ（一五七五―一六二四）などドイツ神秘主義からの影響を指摘する一方で、「神」を人間の類的本質（「愛」）の疎外された現れだと主張したヘーゲル左派のフォイエルバッハ（一八〇四―七二）に通じる面もあることも指摘する。「精神」の発展において「宗教」、特に絶対精神の本質や歴史の方向性を指し示す啓示宗教が重要な役割を担っていることを前提としながら、宗教の本質を（感情や信仰ではなく）哲学的知によって把握しようとするヘーゲルの姿勢は、神秘主義とヒューマニズムの両極に開かれている。イポリットはそう見ている。ヘーゲルの「歴史」は、世界全体を包括する「世界精神」（普遍）と、個々の人間の自己意識（個）の間の往復運動・相乗作用の形で進行し、その往復の中で「宗教」が重要な位置を占めているのだから、彼の宗教観が両義的になるのは、当然だとも言える。

イポリットのヘーゲル読解は基本的に、ヘーゲルは歴史と哲学の関係について様々な重要な問題を提起したが、必ずしもそれらに対する分かりやすい回答を示したものではないことを確認するという性格が強いように思われる。しかし、彼のヘーゲル解釈には一つのかなり特異な拘りがある、との指摘もある。ヘーゲル研究から出発したジェンダー理論家ジュディス・バトラー――バトラー自身のヘーゲル解釈については少し後で触れる――は、イポリットの解釈における「死」というモチーフを指摘する。先に引用した箇所にも見られるように、イポリットは、ヘーゲルにおいて「自由」と「死」が表裏一体の関係にあることを暗示している。

「人間」の「終焉」をめぐる重要なテーマ

コジェーヴも、歴史発展の不可欠な契機としての「死」に言及するが、それは先に見たように、「生死を賭けた闘争」への境界線としての「死」である。イポリットにとっての「死」はそれだけにとどまらない。「人間」である各「主体」が、より「自由」な状態を求めることは、様々な立場や価値観に囚われている現在の自分を否定し(＝「死」)、新たな生のステージに移行することを意味すると共に、具体的な内容を取り去られた「自己」自身が最終的に「無」に帰すという意味で、文字通りの「死」に向かって進んでいくことを含意している。現実世界のいかなるものにも囚われないという意味での「絶対的自由」は、様々な欲望や苦痛を生み出す肉体の命を失わない限り、不可能である。

バトラーは、そうしたイポリットの「死」への拘りを、『快楽原則の彼岸』(一九二〇)

に見られるフロイト（一八五六―一九三九）の「死の欲動 Todestrieb」論の影響があるのではないかと指摘している。ヘーゲル研究者であるイポリットが、精神分析家であるフロイトを参照しているというのはやや突飛な感じがするが、イポリットは一九五四年にラカンのセミナーに招かれて、フロイトの論文『否定』（一九二五）についてコメントしている。『快楽原則の彼岸』での「死の欲動」論をごく簡単に要約すると、物質的な世界に生きることは少なからぬ緊張とそれによる不快を伴うので、生命体には緊張がない状態、つまり自分が生まれる前の状態に戻ろうとする、ということである。それは「死」を目指すということである。「死の欲動」は、通常は自己保存欲動に従う自我によって抑えられているが、何らかのきっかけで表面化することがある。死に直面する危険に遭遇した後、その状態が何度もフラッシュバックするのは、「死の欲動」が発動するからだと説明される。

イポリットが実際に「死の欲動」論を念頭に置いたかどうかは定かでないが、「自由」の極限が「死」であるという見方は、「快楽＝緊張の解放」の極限が「死」であるという後期フロイトの思想に通じていることは確かである。そして、このことは「主体」、あるいは「人間」の「終焉」をめぐる現代思想の重要テーマと、深く関わっている。

「主体性」＝「従属性」

「人間としての生」を捨てる

第一章で見たように、コジェーヴはヘーゲル解釈の帰結として「歴史」が「終わる finir」ことによって、「人間」もその「目的 fin」を成就し、使命を終えたことでやがて消滅するのではないか、という一見楽観的なように見えて、ショッキングなヴィジョンを示した。「人間」は、普遍的な発展を続けるものではなく、「歴史」という限定された枠の中でしか存在できないものかもしれない、ということを強く示唆したのである。「自由」と「死」の表裏一体性を強調するイポリットの悲観的・相対主義的な解釈は、「自由の勝利」という形での「歴史の終焉」を予見するコジェーヴのそれとは一見正反対のようだが、「自由」を獲得することが、「人間の死」に繋がるという逆説的な結論を両者は共有している、と言える。どの時点で、どのような形で――ハードランディングかソフトランディングか――「死ぬ」のかが違うだけ、という見方をすることができる。「自由」を求めて「生死を賭けた闘争」に乗り出すことによって、「人間」としての自覚を持ち、「歴史」的な時間の流れの中に生きるようになった動物は、〝究極の自由〟を得るには、あるいはそれを得た暁には、「人間としての生」を捨てねばならない。

彼らの影響を受けたフランスの現代思想は、それをより根本的にペシミスティックな方向に展開していく。普遍的な「人間性」あるいは「主体性」はもともと、幻想あるいは虚構であったのだが、それが西欧的な知が支配的な影響力を発揮している間（＝近代）、普遍的なものであるかのごとく思われていたにすぎない。西欧近代の限界が露呈すると共に、西欧産の「人間性」や「主体性」の限界も露呈する、という考え方だ。具体的には、〝主体としての人間〟が自分たちで思っているほど、自律しているわけでも合理的であるわけでもなく、他者たちと普遍的道徳や法を共有しようとしているわけでもないことを明らかにすること、そして、そうした負の側面を隠蔽している力を解明することが重視された。

先に見たリオタールの「歴史＝物語」論は、そうした方向性を最も先鋭化したものである。一九六〇年代に台頭し、フランス系の現代思想のメインストリームになった構造主義は、西欧近代で発見された「主体―人間」像は普遍的なものであり、その有効性が「歴史」の中で次第に明らかになっていくとする、（通常の意味での）ヘーゲル＝マルクス主義的な「歴史―人間」観に闘いを挑んだ。文化人類学者のレヴィ＝ストロース（一九〇八―二〇〇九）は、〝（自由な）主体〟たちが――当人の自覚の有無と関係なく――従っている無意識的な構造の存在を明らかにしたうえで、西欧近代の思考（を規定している）構造が、いわゆる未開人の思考＝野生の思考（を規定している構造）よりも優位にあるわけではないと主張し、ヘーゲル＝マルクス主義的な［歴史―人間］観の擁護者の役割を演じるサルトルとの間で論争になった――これについては、拙著『現代思想の名著30』（ちくま新書）等を参照。

フーコーが告知した「人間の終焉」

構造主義／ポスト構造主義系の理論家の中で、「人間」や「主体」の終焉という問題と最も分かりやすい形で取り組んだのはフーコーであろう。フーコーは「主体」を制度的に支えている人間科学、臨床医学、精神医療、刑事政策、法、教育、性生活などを系譜学的に分析し、「主体」が、そしてその基礎にある「人間」という概念が歴史的に構築されてきたものであることを、分野横断的な大量の史料の読解によって実証していくことで知られている。そうした研究のスタイルは、ア・プリオリな原理に従って「歴史」の「終わり」を予見し、そこから逆算するように、「人間」の「歴史」を再構築するヘーゲル哲学に対抗し、その影響から離脱しようとする――ある意味、イポリットから継承した――基本姿勢の現れと見ることができる。

主著『言葉と物』（一九六六）では、西欧的な知の言説を支えている「人間 homme」という統一的な概念は、経済学、生物学、文献学を中核とし、心理学、社会学、文学、神話分析等から成る近代の人文諸科学のエピステーメー（知の地平）の中で構成されたものであることを明らかにしている。自然の中に「主体」としての自己の位置を確立し、自らを中心とする秩序を構築しながら、自己生成し続けるヒトの「歴史 l'Histoire」を把握するうえで、「人間」という概念は有効であった。しかし、精神分析と文化人類学によって、ヒトを支配する無意識の欲望が露わにされたことで、「人間」を中心とした近代のエピステーメーは揺らいでいるという。フーコーは、「人間の終焉 la fin de l'homme」が迫っていることを告知する。「人間」という概念を必要とした近代のエピステーメーが形成されたのは、一八世紀末だという。「歴史」の中を歩んでいく主体としての「人間」像をリアルなものに見せていたこのエピステーメーは、ヘーゲル的なエピステーメーと言える。

一九七〇年代に入ってからフーコーは、「知」と「権力」の相関関係の研究に力を入れるようになった。人間本性に関する科学的な探究が、人間をより効率的に支配する技術を生み出し、それが「権力」自体の性質を変容させていく弁証法的な相互作用の探究である。フーコーにとって「権力」は、少数の支配者から人口の圧倒的多数を占める被支配者に対して一方的に行使されるものでもない。また、軍隊や警察に代表される巨大な暴力装置によってのみ行使されるものではない。むしろ、人間としてのまともな生き方の標準のようなもの、「正常性＝普通さ normalité」を作り出し、人々がそれに——暴力的な脅迫によって強制されないという意味で——〝自発的〟に従うよう仕向ける。例えば、正気を失っていない、健全な精神の人の振る舞い方、正常な性生活の在り方、正常な教育、正常な職業生活、公共の場での正常な振る舞い等である。これらのモデルを作り出し、社会の中で一般的に流通させ、「規範 norme」としての地位を与えることに成功すれば、人々は社会に受け入れられるよう、「正常性」に合わせるよう、自発的に自分を規律するので、巨大な暴力装置を動員する非効率なやり方は次第に不要になる。また、「知」と「権力」の繫がりも密になっていく。そうなると、全体をコントロールする少数の権力者と、コントロールされる民衆という構図も揺らいでくる。「正常性」を産出する「権力」を担っているのは、自らもそれに従っている不特定多数の人たちである。また、「権力」が作用する仕組みを作り出した〝権力者〟たち自身も、「正常性」を超越することはできず、「正常性」の呪縛を受けることになる。「知」と深く融合した「権力」は、「主／僕」の上下関係を解体し、全ての人を「僕」にする。

「規律権力」による「臣民」

フーコーの「権力」観が最もはっきり現れているのは、「監獄」というシステムが確立される過程を描いた『監獄の誕生』（一九七五）である。囚人を監獄に入れて——建物の構造や看守の配置、といった点から——効率的に監視すると共に、再び犯罪に走りにくい、正常な社会習慣を身に付けさせるべく、身体的に規律する「規律権力 pouvoir disciplinaire」について詳述している。精神医学や心理学と結び付いた「規律権力」は、囚人を犯罪の種類や刑の重さに従って細かく分類し、一日のスケジュールや作業に際しての体勢や動作などを細かく指示し、成果を厳密に評価する。こうした規律＝躾は、近代的な軍隊や学校での教育の仕方に似ている。フーコーは、監獄を中心に発展した「規律」の技術が、学校、工場、病院を始め、人々の行動を一律的に統制する必要のある様々の制度や場面で応用され、「従順な身体」を作り出していることを指摘する。

フーコーに言わせれば、「規律権力」が浸透した近代社会において「主体 sujet」になること、一人前の大人として認められることは、「規範」に順応する「従順さ」を身に付けることである。フーコーはこの事態を〈assujettissement 臣民（従属）＝主体化〉という言葉で表現している。「主体」を意味するフランス語の〈sujet〉、英語の〈subject〉、ドイツ語の〈Subjekt〉などは、もともと、「下（底）に置かれているもの」という意味のラテン語〈subjectum〉から派生した語で、カントによって「魂の根底にあるもの＝主体」という意味で使われるまでは、むしろ主に仕えるもの、臣民（僕）の意味で使われていた。英語で、〈be subject to ～〉が、「～に従っている」という意味になるのはその名残である。

〈assujettissement〉は基本的に「従属化」「従順化」という意味だが、〈sujet 主体〉化を含意していると見ることができる。

人々が話題にしている人間、そして人々がその解放を促している人間、その人間それ自体が既に、より深い所で進行している臣民＝主体化の産物なのである。ある一つの「魂 âme」がこの人間の内に住み着き、実在にまで至らしめる。だが、この実在それ自体が、権力が身体に行使する支配の一つのピースなのだ。ある政治解剖学の産物にして道具である魂、そして、身体の監獄である魂。

「魂」を具えた自由な主体としての「人間」が、監獄を中心に進行していく、「規律権力」による「臣民＝主体化」の産物であるというのは、アイロニカルな事態である。ある意味、コジェーヴ＝ヘーゲルの「主／僕」の弁証法のパロディーである。「生死を賭けた闘争」の勝利によって、「人間」としての「魂」を獲得した「主」だが、彼が「主」であり続けるには、その地位が「僕」によって「承認」され続けねばならない。「僕」から見て「主」らしくあらねばならない。「僕」から「主」として「承認」されなくなり、物質的奉仕を受けられなくなると、生きていけない。「僕」が「労働」を通して自己形成し続け、生活力を高めていくのに対し、「僕」に頼り切っている「主」は次第に自律から遠ざかっていく。「主」の「僕」への依存度はますます高まる。「主」が直面するこうした逆説的状況は、「主体」的であろうとすればするほど、自分らしさを放棄し、「規範」への従属度を高めねばならない、フーコー的な「主体＝臣民」の置かれている状況と相似形を成しているように思える。あるいは、「主」に生殺与奪の権を握られることによって、労働する〝主体〟に強制的に立たされる「僕」の方こそ、フーコー的な主体だと見ることもできよう。「主」も「僕」も、社会的な関係性に「従属」することでしか、「人間」として、あるいは「主体」として生きられないのである。

「不幸な意識」と「良心」

フーコーは、「権力」と結び付いた「主体＝臣民」化の問題を、「主／僕」の弁証法と直接的に結び付けて論じていないが、フーコーや構造主義的マルクス主義者であるルイ・アルチュセール（一九一八―九〇）――アルチュセールについては、今村仁司（一九四二―二〇〇七）の『アルチュセール全哲学』（講談社学術文庫）などを参照――の［権力―主体］関係論をフェミニズムの視点から批判的に継承したバトラーは『権力の心的な生』（一九九七）で、両者を理論的に関係付けている。バトラーは、『精神現象学』の「主／僕」の弁証法のくだりの少し後の箇所で、ストア派や懐疑主義に続いて登場してくる意識形態として位置付けられている「不幸な意識 das unglückliche Bewußtsein」、及び、道徳的世界観との関連で話題になる「良心 das Gewissen」に注目する。バトラーはコジェーヴのように、「僕」が「主という観念」に導かれて、自己形成＝主体化のプロセスを開始することを前提としたうえで、主体＝臣民化した「僕」の内面を支配する意識形態として、「不幸な意識」と「良心」を捉え直している。

「不幸な意識」の「不幸」というのは、簡単に言うと、現実と理想、此岸と彼岸の間の分裂という事態である。先に見たように、現実には僕（奴隷）として隷属状態にある〝主体〟たちは、自分たちが自由で平等である「理想」の世界を描いて、「魂の平安」を得ようとする。彼らの意識が常にかつもっぱら魂の世界にあるのなら、幸福であるかもしれないが、彼らは絶えず、労働で体を酷使し、物質的な欲望に囚われている自らの現実を意識させられる。そうした現実を必死に否定し、〝魂の世界〟にだけ生きているつもりになっても、それが虚偽であることは分かっている。そういう状態に陥っている意識が「不幸な意識」である。これは多かれ少なかれ、理想と現実のギャップを誤魔化しながら生きている、全ての文明人の意識の状態と言えよう。

そうした「不幸な意識」の〝主体〟たちが、道徳的世界観を作り上げ、その中で自己を律しようとする時、「良心」が働くようになる。現実世界における因果法則とそれに基因する欲望に囚われることなく、実践理性が見出す道徳法則に自発的に従うことを道徳の本質と見なすカントの道徳哲学とは異なって、ヘーゲルの「良心」は、道徳的義務と現実の間を媒介する。つまり、現実世界の中で生きる自己の精神を発展させるように、自己の行動を導く。かつ、「良心」は個人の内面の内でのみ働くのではなく、共同体的な精神と個人の関係を調停し、義務に基づく行為を、教養化された世界の中に位置付けるよう作用する。

フーコーが問題とした「欲望」の限定

バトラーは、[主体＝従属化→不幸な意識→良心」という一連の流れを、ラカン的に解釈したフロイトの「主体」化論で再解釈する。フロイトは、母と一体化していて物心ついていない乳幼児が、主体としての自我に目覚めるに際して、父が介入し、両者を引き離すことを指摘する。母と自分の間に割って入り、分離させようとする父に幼児——特に、男子——は反発するが、同時に、力の象徴であるファルス（男根）を持ち、母をわがものとしている父に憧れを抱き、父のようになりたいと思う。そして、父をモデルとして、自己を形成するようになる。すなわち主体化のプロセスを歩み始める。

父をモデルとするということは、父が代表する社会的な諸規範を身に付け、社会を構成する他の主体たちから認められるようになるということでもある。「父」が象徴する社会は、主体化しつつある子供の内面に定着し、「自我」の「欲望」を、内側から規制して社会の規範＝正常性から逸脱させないようにする「超自我」を生み出す。この意味で、主体化は、「父→超自我」の象徴する社会への従属化でもある。これが、エディプス・コンプレックスを中核とした、フロイトの自我形成論の一般的な理解である。エディプスというのは、この子は自分の父を殺し母と結ばれるだろうという予言をそれと知らずに（＝無意識的に）実現することになる、ギリシア神話及びソフォクレス（前四九七／四九六頃―前四〇六／四〇五頃）の悲劇の登場人物である。ヘーゲルの「主」が「父」に、「僕」が「幼児」に、「生死を賭けた闘争」が「母の愛をめぐる闘争」に置き換わったと考えると、対応関係が分かりやすい。「超自我」の命令に従えないと、「主体」は「良心」の呵責に苛まれ、現実と乖離した「不幸な意識」になる。

フロイトはエディプス・コンプレックスを、子供の生物学的な成長に即して理解していたが、ラカンの理論では、「父」やそのファルスは、言語を中心とする社会の象徴的秩序を代表するものとして性格付けられる。言語を通して社会的規範を身に付けることが、「主体＝隷属」化だということになる。かつ、根源的な「欲動」が、「父の名（否）nom

〈nom〉と「否」という意味の〈non〉は同じ発音――フランス語では「名」という意味の「(non) du père」――によって禁止されることが、「主体＝隷属」化の条件であることが強調される。この場合の「抑圧」される「欲動」というのは具体的には、「リビドー」と呼ばれる性的なニュアンスを帯びた欲動である。各人の性を中心とする人格的なアイデンティティを確立するには、原初のリビドーに含まれていた近親相姦とか同性愛、サディズム・マゾヒズム、あるいは人間ならざるものに対する愛着など、異常と見なされる方向性を「抑圧」し、社会的に承認される「欲望」へと切り詰めねばならない。フーコーが問題にしている「主体＝隷属」化というのは、そうした「欲望」の限定が、ジェンダーやセクシュアリティだけでなく、身体を基盤とした活動全般に広がったものであると理解できる。

ラカンの理論を批判的に読解することで、男女の間の異性愛に限定されないジェンダーやセクシュアリティの多様な可能性を探究するバトラーは、「主体＝隷属」化の条件である、不要かつ危険なリビドーの抑圧が完全に遂行されることはなく、〝禁じられたもの〟への欲望がしばしば喚起され、安定しているかに見える「主体」のアイデンティティを攪乱することを示唆する。そうした攪乱に対処するため、「父―(息)子」関係を「分析者／非分析者」関係によって再建することを試みる「精神分析」が生まれてきたのである。

「精神分析」は、本来の「父―(息)子」関係があったことを前提に分析を進め、非本来的な欲望を再度封じ込めようとするが、分析を進めていくに従って、そうした本来的な関係は本当に存在したのか、本来的な欲望と非本来的な欲望の間にはっきりした区別はあるのか、後者はそもそも抑圧されていたのか、といった疑問を生じさせる。自らの営みによって、しばしば自らの存在基盤自体を疑問に付すことになる、「精神分析」の存在自体が、「主体」の抱える不安定性を示している、と言える。バトラーは、ヘーゲルが描いた「主／僕」の弁証法的緊張関係の中に、エディプス的な「主体」、異性愛の男性中心主義をベースとする「主体」の不安定性の兆候を見る。

「主体」の行方

「主体」の不安定化

これまで何回か言及したように構造主義的精神分析の創始者であるラカンは、ヘーゲル解釈にも大きな影響を与えている。主要著作『エクリ』(一九六六)に収められた論文のいくつかでヘーゲル、特に「主／僕」の弁証法に何回も言及している。『エクリ』の中でも最重要な論文と位置付けられることの多い「精神分析における言葉(parole)と言語活動

(langage）の機能と領野」（一九五三、五六）では、精神分析における「分析者／被分析者」の関係が、「主／僕」の弁証法と対比されている。

「分析者」と「被分析者」の関係は、言語を介して構築される。先にバトラーに即して見たように、ラカンは、「父」に代表される「他者」の言語（によって伝達される社会規範）を受け容れることで、「主体」化が行われると考える。それまで、母との身体的な接触を中心に、外界に生じる事象を、不安定で変化しやすいイメージや幻想として漠然と捉えていた幼児的な世界、「想像界 l'imaginaire」に対して、言語の規則（コード）を媒介にして他の人間や事物を安定した秩序の中で捉えられる「象徴界 le symbolique」が立ち上がり、心的生活の中心が移動する。簡単に言うと、言語の規則に従って、物事を捉えられる理性的な主体となる。この移行は、「主」（「父」あるいは、社会を代表する「（大文字の）他者」に相当）との闘争に敗れた「僕」が、「主の観念」に導かれて、自己を教養化し始めることと対応している。「ファルス」に象徴される社会的な力に隷属することで、「主体」化するわけである。

ただし、「象徴界」は一旦確立されれば、その後はずっと安定するというわけではない。しばしば機能不全が起こる。それが「神経症」や「精神病」などの症状として現れる。標準的な言語秩序に従って事物を捉え、心身を制御することが困難になる。そこで

「他者」の言語を与え直し、「主／僕」関係を、つまり社会的規範への隷属を再構築する手助けをする存在として「分析者」が登場することになる。「被分析者」は「分析者」との間で言葉をやりとりすることで、再〝主体＝隷属〟化を試みることになる。

そのように、「分析者」を「父＝主」の代理として位置付けることは、ラカンに言わせれば、「主体」の不安定性を示唆している。「主体」にもともと内在している普遍的な理性が、社会を代表する「他者」(としての「父」)の語りかけ（parole）によって喚起されるというのではなく、「他者」の押し付けによって人為的に植え付けられ社会的制度・慣習によって支えられているものであるがゆえに、常に不安定であり、「父」や「分析者」との具体的なやりとりにかなり左右される、と考えられる。だとすると、「分析」は本来的な状態への回帰という意味での治療とは根本的に異なることになる。

「絶対知」の存在

ラカンはこのことを、「生死を賭けた闘争」に敗北し、「主」の支配下に入った「僕」の思惑として寓意的に説明する。「僕」は自分が死ぬ可能性があることを知って、恐怖を抱き、「主」に従うようになったわけだが、同時に、身体的には同じヒトである「主」もいつか死ぬことを知る。「僕」は「主」に奉仕しながら、「主」が死ぬ時に自分が解放されるかもしれないという期待を抱く。それは、象徴秩序によって抑えつけられてきた根源的欲動が、その秩序、父権的権威の崩壊によって解き放たれる、ということである。ただし、それは「主体」としての僕＝私自身の死を意味するかもしれない。被分析者が分析者の言葉を受け容れることで自己の主体性を再確立しようとしながら、一方で、分析者を巧みに欺き、分析を挫折させようとするかのような被分析者の奇妙な振る舞いは、自らが従うべき「主」の死を期待しながら、「主体＝隷属」化の営みに従事する全ての人間に見られる両義性を表象＝代理しているように見える。

一般的なヘーゲル理解では、「主／僕」の「生死を賭けた闘争」によって誕生した「主体」は、自己形成＝教養の道を歩み始め、「絶対精神」の自己展開＝歴史に参与する。「絶対精神」は最終的に、自己自身を含めて全てを完全に把握する「絶対知 das absolute Wissen」に到達する、とされている。「主体」の自己形成の方向性が正しいかどうか、つまり、主体に内在する理性を安定的に発展させ、「絶対精神」の発展の方向に合致しているかどうかは、「絶対知」の視点からしか本当の所は分からない。しかし、現実に地上に生きている人間で、「絶対知」に到達した人はいない。更に言えば、前章でも指摘したように、「歴史」が一定の「終わり＝目的」に向かって進んでいるという前提自体が、「歴史」の運動を超越した位置から全てを見通すことができる「絶対知」の視点に立たない限り、論証できない。哲学者ヘーゲルは、「絶対知」の存在(可能性)に言及し、あたかも「絶対知」を代理するかのように、「主体」あるいは「人間」の生成と「終わり」について語っているわけだが、その行為はどうやって正当化できるのか。

この問題に関する立ち入った議論は第四章で行うが、ここでは少なくともラカンが「絶対知」を文字通りの意味で捉えておらず、むしろ、いつ自己崩壊してもおかしくない「主体」に取りあえずの足場を与えるための虚構の装置のように扱っていることだけ指摘しておこう。「分析者」の言葉が、「絶対知」に通じているように見えなければ、「被分析者」は安心してそれによりかかり、再〝主体＝隷属〟化することはできない。

「絶対知」の逆説的性格

この点をラカン自身以上に先鋭化した形で主張したのが、スロヴェニア出身の精神分析家・哲学者のスラヴォイ・ジジェクである。ジジェクは、ラカンとヘーゲルの関係を論じた『もっとも崇高なヒステリー者』(一九八八初版、二〇一一第二版)で、「絶対知」の逆説的な性格を描き出している。「主体」は、自らが抱える「欠如」を埋めるべく「対象」を「欲望」するが、「対象」の背後には「空《くう》 vide」が広がっており、「対象」の獲得によって「欠如」が埋まることはない。それを示すのが、「絶対知」だ。

ポスト構造主義的な現代思想では、「主体」が「欠如 manque」を抱えていることが強調される――ジジェクは、ラカンをデリダに代表されるポスト構造主義と区別すべきことを強調するが、説明が煩瑣《はんさ》になるので、ここではその違いには拘らないことにする。現代思想の文脈で「欠如」と呼ばれているのは、ごく簡単に言えば、母の身体、あるいは自然から分離したこと――あるいは、そうした原初的な主客一体の状態があったという幻想――に起因する喪失感である。その喪失を埋めるべく、「対象」、特に母胎との原初的な一体感を喚起させ、あらゆる欲望の源泉となるような対象、ラカン用語で「対象a」と呼ばれるものへの「欲望」が生じる。ラカン自身は「対象a」の具体例として、「乳房」「まなざし」「糞便」「声」を挙げているが、幼児やオタクがフェティシズム的に固執する古いタオルとか人形、アニメのキャラなども、「対象a」的な性格を持っていると言える。それほどはっきりした形ではなくても、あらゆる主体は、何等かの形で自らの「対象a」に拘っている。

未だ想像界の中にある幼児（的な状態にあるヒト）に、「対象a」を獲得して一体化することがもはや不可能であることを教えるのが、（ヘーゲルの「主」に相当する）「父」あるいは「他者」の言葉である。「ファルス」を所有し、その力で対象を自分のものにしているように見える「他者」と遭遇した「私」は、自らの「欠如」を自覚させられる。その「欠如」

の経験を通して、「私」は「他者」の言葉に従いながら、自らを「他者」と同じ言語を駆使することのできる「主体」へと形成していく。通俗ヘーゲル主義的にフロイト＝ラカンの理論を理解すれば、社会を代表する理想化された「他者」、「大文字の他者 l'Autre」と同化し、自己の内に象徴界を確立することで「主体」は諸「対象」との間に合理的な関係を打ちたてることができるようになり、「欠如」が一挙に埋め合わされることはないとしても、喪失感は徐々に緩和されていく。「主体＝隷属」化によって誕生した「主体」の到達すべき発展の最終ゴールを指し示しているのが、「絶対知」ということになる。

ジジェクのラカン再解釈

しかし、ジジェクが再解釈するラカンのヘーゲル解釈では、「対象 a」の背後にあるのは、何かが充たされて幸せな状態ではなく、「空」であって、欲望が〝成就〟されるということは、その「空」に到達することである。例えば、特定のアニメ・キャラに対してフェティシズム的な執着を示すオタクの欲望が、どのようにすれば成就されるのか、そもそも成就があり得るのか考えてみよう。アニメ・キャラは実在しないので、性的に交わったり、触れ合ったりすることはできない。母胎に戻るような一体感は得られない。声優とかフィギュア、原作の原画をその代替物とすることもあるが、それはあくまで代替物にすぎないことは本人も分かっている。映像とか原作を細かく分析しても、そのキャラを構成する個々の線や色が見えてくるだけで、欲望の〝成就〟から余計に遠ざかることはオタクにも分かっている。

では、キャラに欲望が向かっているのはリビドーの歪みであるという前提に立って、リアルなパートナーになり得る相手に欲望を方向転換すればいいかというと、そうは行かない。仮にそれが可能だとしても、「対象a」としてのパートナーの魅力が「幻想fantasme」によって成り立っていて、「幻想」の向こう側には何もないという事態に直面せざるを得ない。リアルなパートナーと交わっても、自分の身体の在り方が根本的に変化し、母胎に回帰するわけではないからである。ジジェクの解釈では、ラカンの理論で「現実界le réel」と呼ばれるのは、幻想を取り去られたアニメ・キャラに残される線や音、インクの集合体、性的パートナーの身体を構成する皮膚とか肉の断片、細胞、声の質などの物質的な要素だけから成る、全く味気がなく閑散とした、むき出しの「物」だけの領域である。

この事態は、「主体」と「対象（a）」の間に、「他者」の言語が入ってきても何ら変化しない。「対象」において経験するはずだった「空」が、「他者」との関係において経験する「欠如」へとシフトしただけである。「他者」たちも、欲望の対象と一体化するのに必要な「ファルス」を所有しているわけではないことは、いつか露呈する。「対象ａ」の背後にある「現実界」という「空」に向かっていく「欲望」が、「他者の言葉」とか「他者の欲望」――他者が欲望するものを私も欲望する――などを経由し迂回して進んでいくことで、決定的な破綻を免れているのである。「絶対知」とは、主体と対象の同一化を実現する知ではなく、むしろ逆に、こうした「対象（ａ）」獲得の根源的な不可能性に関する「知」である。あるいは、不可能性を知ったうえで、「欲望」の回路を存続させている「知」である。私たちは、自分の「欲望」の成就が不可能であることを本当は知っているからこそ、生き延びていられるのかもしれない。

ジジェクに言わせると、単に「欲望」の対象が「空」であり、「欠如」が「欠如」であり続けるという事態を暴露するだけでなく、それにもかかわらず、「欲望」の回路が破綻することなく、「主体」が存続する仕組みを明らかにしたことにラカンの功績がある。そしてラカンをその認識に導いたのが、ヘーゲルの批判的読解である。ジジェクは一九九〇年代にこうしたヘーゲル＝ラカン的な視点から、映画、ＴＶドラマ、オペラ、政治家の言動等を分析し、難解極まりないことで知られるラカンをポピュラーにした。

第三章　承認論と共同体

ヘーゲルと倫理

保守的なイメージの道徳哲学

既に見たようにヘーゲルは『法哲学要綱』で、家族において始まる共同体的な倫理と法が、「市民社会」を経て、「国家」の普遍的な法体系へと統合されていく過程を描き出した。現実社会の利害関係と切り離された、純粋な道徳法則に基づく自律の可能性を追求したカントの道徳哲学と比べて、「現実的なもの」と「理性的なもの」を媒介し、歴史の中で発展していく人倫（Sittlichkeit）の法則に焦点を当てた点は画期的であり、一九世紀以降の道徳哲学と社会科学に強い影響を与えた。しかし、第二次大戦後、歴史哲学と結び付いたヘーゲル的な道徳哲学に対する風当たりが強くなり、もっぱら批判の標的にされることが多くなった。ヘーゲルの道徳哲学は保守的なイメージが付きまとうようになった。

その理由は大きく分けて二つある。一つは、ヘーゲル哲学の現状肯定（保守）的かつ観念論的＝理想論的（idealistisch）な性格である。『法哲学要綱』でヘーゲルは、現実に存在する国家、具体的にはプロイセンの国家を、理性が現実化したものとして正当化するかのような態度を示した。現実の国家には身分や財産の格差があり、反体制的な言論や思想は弾圧されたが、ヘーゲル哲学は自らの観念論的な世界・歴史観に強引に当てはめて、あたかも自由が実現された理想の国家であるかのように装った。

ヘーゲル哲学の〝現状〟を美化する傾向に対する批判は、一八三〇年代の半ば以降台頭したヘーゲル左派によって既に着手されていた。ヘーゲル左派を唯物論的に先鋭化したマルクス主義は、観念論の権化であるヘーゲル哲学の克服を理論闘争の焦点にした。マルクス主義は、ヘーゲルから弁証法的な歴史発展の法則と、労働を通しての人間化という見方を継承したが、「意識」の働きに重点を置き、「理想」に合わせて「現実」を理解する観念論的な発想に対しては徹底的に攻撃を加えた。二つの大戦を経て、マルクス主義の勢力が急速に拡大したのに伴って、ヘーゲル的な道徳哲学に対する批判も強まった。

そうしたマルクス主義固有のヘーゲル批判に加えて、ナチズムが誕生する背景となった一九世紀ドイツの国家体制、ナショナリズム、体制順応的な政治文化に対する批判の高まりの中で、それを支えてきたヘーゲル哲学に対する、知識人たちの見方が厳しくなったということもある。ヘーゲル哲学は、ドイツ的に捻じ曲げられた〝自由主義〟の象徴と見なされるようになった。

英米では共同体主義・国家主義的性格が強く、（ソ連のイデオロギーである）マルクス主義とも深い所で結び付き、かつ、歴史の（単線的）発展という形而上学的な前提に依拠するヘーゲルよりも、自由主義と相性がいいカント哲学の方が高く評価されるようになった。英米の哲学で、この意味での反ヘーゲルの急先鋒になったのは、分析哲学の創始者の一人であり、かつては英国における新ヘーゲル派の強い影響を受けていたバートランド・ラッセル（一八七二―一九七〇）と、オーストリア出身で英国で活躍した科学哲学者カール・レイモンド・ポパー（一九〇二―一九九四）である。

もう一つは、ヘーゲルの「歴史」観に備わっているとされる、冷酷で非人間的な〝合理性〟に関わる。（通説的な理解による）ヘーゲルの歴史観では、「歴史」は普遍的かつ合理的な法則に従って発展していく。その過程で、合理性の実現度が低い慣習、制度、集団、人格類型は淘汰され、人類全体が共通の合理性を体現するようになる。マルクス主義の唯物史観も、普遍的合理性が次第に現実化していくという前提は共有している。そうしたヘーゲル＝マルクス主義的な歴史観では、〝文明化のプロセス〟でメインストリームを形成するようになった先進国から、非合理的と判定を受けた文化や民族は、存在資格を否定される。そういう一元的な歴史観は、イデオロギー的に右であれ左であれ、あるいは中立を装っているのであれ、全体主義的な体制を「合理性」の名の下に正当化してしまうのではないか、という疑惑が生じてくる。この観点を取ると、ヘーゲル弁証法の「正→反→合」の発展法則は、いかにも「闘争の勝者＝最も合理的な者」と示唆しているように見える。

「啓蒙の弁証法」に対する哲学の抵抗

こうした「合理主義」批判の視点から、いわゆる「ヘーゲル主義的な歴史観」と正面から対決したのがフランクフルト学派の第一世代のアドルノである。ホルクハイマーとの共著『啓蒙の弁証法』(一九四七)でアドルノは、「文明」あるいは「合理性」の名の下に「自然」と「社会」の全てを一元的に支配しようとする、啓蒙的理性の暴力を描き出している――前掲の『現代ドイツ思想講義』を参照されたい。啓蒙的理性は、貨幣へと結晶化する等価性の原理に従って諸事物を価値付けし、事物ごとの細かな差異は捨象し、画一的に大量生産する。各人は普遍的理性に合わせて、自分の生活を規律して、労働力としての自己を再生産するようになる。消費も生産のメカニズムに組み込まれる。その流れに同化されないものは、社会から排除される。啓蒙的理性による「同(一)化 Identifikation」に反発し、「自然」へと回帰しようとする衝動が人々を捕えることがあるが、それはほとんどの場合、ナチズムがそうであったような、より均質化され、多様性を抑圧する野蛮な体制を生み出すことになる。

「啓蒙」は、人々を、自然を擬人化した神々を恐れ、迷信的に従う神話的な世界観から解放して、「理性」による自由な思考へと目覚めさせるもののはずだった。しかし啓蒙的理性による「同（一）化」が進めば進むほど、人は自発的な思考をする意志と能力を失い、国家や産業が与える画一的な尺度を無批判的に受け入れ、文明的生活の枠内に留まることに固執するようになる。「啓蒙」がもう一つの、より強力な「神話」に化したかのように。「啓蒙」の歴史が、それが克服したはずの「神話」へと逆戻りする、反転するかのような様相を呈することが、『啓蒙の弁証法』である。

ホルクハイマーとアドルノは、こうした進歩史観の弁証法的反転図式の中で、ヘーゲルの意義を問い直す。彼らはヘーゲルを、そうした進歩史観を正当化した哲学者として単純に断罪しているわけではない。彼らによれば、ヘーゲルは、「啓蒙」が次第に、画一化した社会的現実への順応へと堕していきつつあることをいち早く見抜き、そうした現実と批判的に対峙することを啓蒙的理性の本来の在り方だと示唆していた。しかし最終的には、現実の圧力に抗しきれず、絶対精神の名の下に正当化してしまった、という。画一的に人民を支配し、批判的意識を奪っていく社会や国家を、「歴史」という形を取る「絶対精神」の運動の必然性であるかのように捉え、肯定してしまったのである。ヘーゲルは、「啓蒙の弁証法」に対する哲学の抵抗の限界を示していたと言える。

ヘーゲルとアドルノ

「労働」と「欲望」をめぐる問題系

『啓蒙の弁証法』ではヘーゲルへの言及はごくわずかだが、アドルノはその後、『三つのヘーゲル研究』（一九六三）で、ヘーゲルと啓蒙的理性の関係を詳しく——かなり難解な文体で——論じている。アドルノは、全ての事象を自我が自分の内から生み出す観念へと還元する傾向のあったカントやフィヒテの観念論的傾向を徹底的に批判し、「社会Gesellschaft」における主体の在り方、特に「労働 Arbeit」と「欲望 Begierde」をめぐる問題系を視野に入れた点でヘーゲルを高く評価している。自らの「欲望」を充足すべく「自然」に対して能動的に働きかけるようになった、つまり主体的に「労働」するようになった人間たちは、「労働」において相互に協力し、生産効率を上げるための枠組みとして「社会」を作り出した。「主体」となった人間たちは「社会」の中で自己を形成しながら、同時に、「労働」をより高度に組織化すべく、「社会」を合理化するようになった。

しかし、「労働」と共に発展してきた「理性」、あるいは、その文化的集合体としての「精神」は、自らの生産物であるはずの「社会」の体制に強く拘束され、「自由」を失うようになった。初期マルクスが「疎外 Entfremdung」と呼んだ現象である。『精神現象学』でも〈Entfremdung〉という言葉は使われているが、その用法は両義的である。「外化 Entäußerung」、つまり、精神的・観念的なものの実体化というニュートラルな意味で使われている場合もあるが、（マルクスとは若干ニュアンスが違う）ネガティヴな意味で、つまり、現実世界で実体化した「精神」が、「精神」自身に対して「疎遠な fremd」ものになり、「精神」を苦しめる、あるいは「精神」の発展をかえって妨げるという意味で使われることもある。

「疎外≒外化」という言葉が出てくるのは、「教養＝形成体 Bildung」をめぐる議論の文脈である。ヘーゲルは、「教養」を「自己疎外する精神 der sich entfremdete Geist」と等置《とうち》している。「精神」の「外化した entfremdet」形態としての「教養＝形成体」は、「精神」の更なる発展と、各人の自由の実現の基礎となるはずだが、往々にして、社会や国家の普遍的な規範としての法と、自由に生きようとする個人との間の葛藤を引き起こし、共同体を構成する人々を、権力者と被支配者、富者と貧者に分裂させる。社会を統合するための媒体であるはずの「国家権力 Staatsmacht」や「富 Reichtum」はそうした分裂を引き起こす。

「市民社会」の「非同一性」を評価

アドルノは、啓蒙的理性によってあっさり「同一化」されていくように見える「市民社会」の中に残存し続ける分裂・葛藤、市民社会や国家の秩序に統合されることなく、不調和を引き起こす「非同一性（同化されない要因）Nichtidentität」を描き出していることでヘーゲルを高く評価する。アドルノは、『法哲学要綱』で呈示されているヘーゲルの「市民（ブルジョワ）社会」観を「敵対的全体性 die antagonistische Totalität」という概念で捉えている。

「全体性」というのは、個々の要素がそれが属する「全体」の単なるパーツになっているだけではなく、全体の中にしっくり有機的に組み込まれ、かつ要素同士も緊密に結び付いていることである。「市民社会」の場合、各市民が相互に何の関係もなく、ばらばらの生き方をし、単にその都市の住民になっているだけではなく、市民として明確な自覚を持ち、相互に密な協力関係を築き、共同体の繁栄に寄与しながら、その一員として相応しい生き方をしている、ということだろう。先に見たように、ヘーゲルは『法哲学要綱』で、「市民社会」を「欲求の体系」であると同時に、「全面的依存の体系」として性格付けている。具体的には、民法を中心とする私法の体系と裁判制度による紛争処理の仕組みや、職業団体（Korporation）による人材の養成と資格認定、同業者間の過当競争の抑止、都市共同体の自治の一環としての貧困者への生活扶助、道や橋、街灯などのインフラ整備（＝福祉行政Polizei）といった仕組みを備えていることである。ヘーゲルは、市民社会は、アダム・スミス等の英国の経済学者が描くように、基本的にばらばらに生き、その場その場の状況によって違った相手と競争し商取引するだけの社会ではなく、相互扶助的な性格を持つある程度固定化した共同体的ネットワークから成る、「全体性」として捉え直した。

ただし、その一方で、市民社会に生きる市民たちが自分自身の利益を最優先しようとする以上、相互の敵対的関係性は完全に取り除くことはできない。私法の体系は現に一定の財産基盤と顧客の層を持って、商売している人に有利である。職業団体は中世のギルドのように排他的になりがちである。福祉行政だけでは生きていけない層、その援助の対象になれない層もいる。そうした「市民社会」の中の矛盾（敵対的関係）を解消すべく、より高次の人倫的共同体（全体性）としての「国家」が登場する。市民の――普通選挙によるのではなく、職業団体を母体として選出される――代表から成る議会や官僚制、公法の体系を具え、最終決定権者としての君主を頂く「国家」は、市民同士の水平的な関係では解決できなかった問題の解決に当たる。あたかも「国家」によって「市民社会」の限界が全て克服され、予定調和的に全てがうまくいくかのように記述されている。そうした（全体的）国家の形成へと世界史全体が進んでいるという主張で『法哲学要綱』が終わっていることで、ヘーゲルは保守主義者・国家主義者からは歓迎され、急進的な自由主義者や社会主義者、アナーキスト等から批判されてきた。

「同一性」は仮象なのか？

アドルノに言わせると、ヘーゲルは左右両派が思い込んでいるほど能天気に「敵対的全体性」が解消されると思い込んでいたわけではない。ヘーゲルのテクストをじっくり読むと、「国家」の支配の下でも、敵対的なものを含んだ「非同一性」が残存することになるのではないか、と思えてくる。

ヘーゲルの哲学は、敵対的なものの非同一性にぶつかり、散々苦労した挙げ句、それをどうにか一つにまとめあげるのだが、この非同一性とは実の所、真なるものではなく、真ならざるもの、正義に絶対的に対立する、あの全体の非同一性なのである。しかしまさにこの非同一性が、現実の中で、同一性という形式を取り、いかなる第三者も融和させるものも介在させない、全てを包含する性格を持つのである。こうした幻惑された同一性こそが、イデオロギーの、言い換えれば、社会的に必然的な仮象の本質なのである。矛盾を和らげて絶対者にすることでは、この仮象を打ち破ることはできない。もっぱら、矛盾が絶対的なものになることによってのみこの仮象を打ち破ることができるのであり、恐らくはいつの日か融和を見出すこともできるのだろう。ヘーゲルは融和があるふりをせざるを得なかった。彼にとっては依然として、融和の現実的な可能性があるかどうか分からなかったからだ。

抽象的でかなり読みにくい文であるが、ポイントは、ヘーゲルがぶつかった「非同一性」の正体、その起源である。「真なるものではなく、真ならざるもの、正義に絶対的に対立する、あの全体」というのが、具体的には、一九世紀初頭のドイツの「(市民)社会」の現実、あるいは「社会」を支配している秩序のことだが、アドルノは、それが実際には本来の意味での全体(統合)性を欠いており、人々の間の敵対的関係が強まっているにもかかわらず、あたかも市民相互の協力体制が出来上がり、正義の原理が共有され、各人がしっかりした同胞意識を持っているかのような外観が生じていることを問題にしている。ヘーゲルは、市民社会の中に依然としてある「非同一性=市民相互の分裂」に着目しただけでなく、それをめぐる考察を通して、そもそも市民社会を支配しているように見える「同一性」が、偽りの「同一性」、「同一性」の「仮象 Schein」であることに気付いたのではないか。アドルノはその可能性を示唆しているわけである。

「同一性」に固執させる現象を「物象化」と呼んだ

アドルノは、「同一性の仮象」を「イデオロギー」と言い換えているが、彼は通俗的なマルクス主義のイデオロギー論のように、「イデオロギー」を支配階級が被支配階級を騙すために意図的・戦略的に行使しているプロパガンダとは考えず、そうした「仮象」が生じ、（社会・経済的に様々な生活上の困難や利害対立を抱えて生きる）人々が自分たちは同じ共同体の一員として「同一」であるかのように「幻惑する verblenden」ことには、社会的に必然性がある、と考える。多くの人々が仮象の〝全体性〟を本当の全体性と信じ込んでいるので、学者や活動家が、「君たちは騙されている！」と叫んだり、論文を書いたりするくらいではびくともしない。

アドルノは、人々の生活・認識形態、更には「理性」や「主体」の在り方に深く浸透し、「同一性」（の仮象）に固執させる現象を、マルクスの用語を借用して「物象化 Verdinglichung」と呼ぶ。「物象化」というのは、人間同士の関係性や人間が作り出した価値の体系を、不変の性質を持った物質であるかのように見なすこと、及び、それに適合するように、個々の対象や世界、自然を知覚するようになることである。人間がペットの動物や玩具、家具、家などに過剰に思い入れしたり、高い価値があるものとして大事にし、取引の対象にするのは、それらに自然に備わった性格ではなく、人間自身の社会的関係性や慣習の反映でしかないが、認識主体たちはそのことに気付かず、それらの事物の客観的属性であるかのように思い込んでしまう。資本主義的に「物象化」された世界に生きる主体たちにとって、全ての事物を［a個のP＝b個のQ＝c個のR＝……＝X円］という形を取る等価性の原理に従って価値付けし、市場における等価交換を「正義」のモデルとして受け入れることはあまりにも当然だ。市場を中心とする交換の連関の中で生きる限り、市民社会を支配する「同一性」の仮象から逃れるのは困難である――アドルノにおける「物象化」と「同一性」の関連については、前掲『現代ドイツ思想講義』を参照されたい。

先の引用で、「矛盾を和らげて絶対者にする」ことと、「矛盾が絶対的なものになる」ことの区別が字面的には分かりにくいが、前者は、「絶対精神（絶対者）を想定し、そのおかげで、当面する矛盾がいつしか解消するかのように見せかけ、矛盾として際立たせないようにする」ということである。要は、神（絶対精神）による予定調和に期待することである。無論、そういう安易な想定をすれば、「同一性」の見せかけはかえって強化されるかもしれない。後者は、その逆に、矛盾が決して（絶対に）解消し得ないものであることを徹底的に直視することである。アドルノからしてみれば、社会の「矛盾」をごまかさずに直視することによってしか、「同一性」の強い幻惑を打ち破り、抑圧されていた「非同一性」、社会に同化されない人々や自然の苦しみが見えてこないはずなのだが、ヘーゲルは、社会の現状と、社会がこれからどうなっていくかを把握し切れておらず、見通しがつかないまま、妥協してしまった。絶対精神の導きによって、国家の法体系の下で、社会的対立が融和していくかのような語り方をしてしまったのである。

それがアドルノから見たヘーゲルの限界である。しかしそれだけではない。アドルノは、ヘーゲルのテクストから、ヘーゲル自身が理解していた以上のことを読み取れることを示唆する。

たとえヘーゲルの哲学が、最高の基準、つまり自分自身の基準から見て失敗だとしても、同時にその失敗であるということによって、自らが本物であることを示すのである。

偽りの「同一性」の完成に手を貸す

ヘーゲルのテクストに限らず、あらゆるテクストに言えることだが、そのテクストが主張している内容と、そのテクストの文体やそれが書かれた文脈などから読み取ることのできる内実の間にはズレがある。これは、ある人の語っていることと、その人が語っている時の表情、仕草、声色、語っている状況から読み取ることのできる情報がしばしば食い違うのと基本的に同じことである。「この問題は解決できると確信している！」と語っている人の表情、仕草、声色、状況がその逆を明らかにしているのは、よくあることだ。美術や音楽の作品の批評であれば作者・作曲家自身の意図とは矛盾する効果を読み取るのは普通だし、社会学や文化人類学の研究であれば、当人の主張とは異なる内容を、その人物の語りの際の表情や仕草、声色、文脈、周囲の状況、文化的背景から再構成するのは当然やるべきことである。アドルノは、それを文学や哲学のテクストに関しても試みているわけである。この場合、ヘーゲルのテクストに明示されている結論にだけフォーカスを当てるのではなく、テクストの書き方、文体や言葉遣い、結論に至るまでの過程、他のテクストとの関連などから見えてくる、作品としてのテクストが語りかけてくる内実を読み取るということである。

そうしたテクストの身振りから、アドルノは以下のことを読み取った。一九世紀の前半のドイツ社会は、自らの内で増大しつつある「非同一性」（社会的分裂、貧困、少数派の排除等）を「同一性」の「仮象」によって覆い隠していた。哲学者ヘーゲルは、その「仮象」の裂け目を見出し、社会の真の姿を露わにしたうえで、真の和解の可能性を探究しようとしたが、彼自身をも呪縛しつつあった「仮象」には打ち勝てず、自らが偽りの「同一性」

の完成に手を貸したのであると。そうしたヘーゲルのテクストから浮かび上がってくるイメージから、アドルノは、啓蒙的理性の「同一化作用」の巧妙さを看て取り、それを回避するための戦略を考えたのである。アドルノにとってヘーゲルは、先駆者であると同時に反面教師であった。

限定的否定

「否定＝規定」をスピノザから学ぶ

アドルノがヘーゲルのテクストの批判的読解から学び取った戦略が、「限定（規定）的否定 die bestimmte Negation」である。「限定的否定」という言葉は、ヘーゲルの論理学の基本的カテゴリーに由来する。

ヘーゲルの論理学では、ある事物を概念的に「規定する bestimmen」ことは、その事物がある属性を有する可能性を「否定」することを意味する。例えば、「生物」を「規定」することは、「無生物」である可能性を「否定」することである。「生物」の中で「動物」を「規定」する際には、「植物」である可能性を「否定」することを意味する。この見方をヘーゲルはスピノザ（一六三二—七七）から学んだが、神こそが唯一の実体であるとするスピノザは、「否定＝規定」を、諸事物の（神から見た）「欠如」として理解していたが、ヘーゲルはそれを事物の生成の原理として読み替えた。

もともと、何かがあるのかないのか分からない混沌の状態において、「否定」が生じることで、差異が際立つことで、事物が具体的な形で存在することになる。ヘーゲルの時代にはまだ科学的に認識されていなかったことだが、ビッグ・バンによって、原初の状態が「否定」されることで、素粒子が生まれ、個々の事物が生成し始めるということや、太古の地球の海で、自己ならざるものと自己を区別する（＝前者の否定）膜が生じたことで生命が誕生したことを念頭におくと分かりやすいだろう。人間が人生において会社員とか職人、公務員、教師、芸術家といった職業的アイデンティティを獲得することは、その他の可能性を否定することを通して成される。「否定」と言うと、いかにもネガティヴに聞こえるが、否定されることになる選択肢は必ずしも選択（規定）の前から具体的な形を取って存在していたわけではなく、選択を通して、アイデンティティが規定されてしばらく経って反省的に振り返って、何が否定されたか見えてくる、ということの方が多い――否定されたものは、もともと漠然とした可能性としてしか存在していなかったのかもしれない。

細かく「規定」し、仕分けする

これは事物それ自体の生成だけでなく、対象の本質についての主体の認識の発展にも当てはまる。当初は漠然と見ていただけのものについて、「Aは生物であって、無機物ではない」→「Aは動物であって植物ではない」→「Aは、哺乳類であって、鳥類、爬虫類、魚類等々ではない」→「Aは人間であって、犬や猫など他の哺乳類とは異なる」→「Aは白人であって、有色人種ではない」→……というように、認識がより細かく、明晰になっていく。

アドルノは、この「規定＝否定」の創造的な働きと、これまで見てきたように、(抽象的な観念を組み合わせた思考だけで問題を処理するのではなく) 現実に密着したヘーゲルの思考法を組み合わせて、「限定的否定」という概念を作り出している――ドイツ語の〈bestimmen〉には「規定する」のほか、「特定する」とか「限定する」といった意味もある。「限定的否定」とは、批判の対象を何らかの普遍的上位概念に基づいて一方的に裁断するのではなく、対象をじっくり観察して細かく「規定」して、否定すべきものと肯定すべきものを仕分けするということである。

ごく当然のことのように思えるが、現実はそうなっていないことが多い。人は、「批判」する時、そのネガティヴな面だけ見たり、その対象をあってはならないものとして全否定しようとする傾向がある。特に、「哲学」と「政治」や「経済」が交差する場面ではそういうことになりやすい。俗流の粗っぽいマルクス主義のように典型的な二項対立思考をする場合、「市民社会」や（ブルジョワが支配する）「国家」を全否定しようとして、その本質と思われる私有財産制、個人の経済活動の自由、官僚機構などを一気に潰すことに力を入れることになる。どのような新しい秩序が生まれてくるべきか、具体的なヴィジョンもないまま、ただただ否定する。そうした勢力が台頭して、統治不能な状況が生じると、その反動で、ナチスのように、暴力によって「（全面的に同一化された）全体性」を実現しようとする体制が登場したり、スターリン主義時代のソ連のように、否定しようとする相手（資本主義国家）の悪い所を凝縮したような体制――ブルジョワ階級とその官僚機構を根絶するための党・国家の強力な官僚機構の成立と、その特権階級化――が出来上がってしまう。批判すべき対象が生成してきた歴史的経緯やそれを支えている条件の「全体」をきちんと把握することなく、表面の目立つところだけ、否定＝批判しようとするから、そうなってしまうのである。

ヘーゲルの弁証法の再構築

それを回避するための「限定的否定」によって、ヘーゲルの弁証法を再構築することがアドルノの哲学的な課題となる。その構想が本格的に展開されているのが、晩年の著作『否定弁証法』(一九六六)である。アドルノは、近代の哲学が、絶対確実な知へと導いてくれる、合理的で一貫性があり、決して誤ることのない――数学や物理学のそれのような――「体系」を構築することに力を入れてきたことによって、自らの作り出した罠にはまっていることを指摘する。自らの生産物である「体系」や「概念」を絶対視して疑おうとせず、それらを駆使することであらゆる問題が解決できるかのごとく思い込む。全てを自らの体系の内に取り込もうとする。「同一化」しようとする。だから自らの体系に取り込むことができない「非同一性」(現実に存在し、理性によって把握できない矛盾)に我慢ならず、たとえ気付いても無視しようとする。そうした閉鎖的な思考は、本来、「哲学」が克服すべきもののはずだが、偉大な哲学であるとされるものほど、完全に同一化された「体系」を目指し、自分自身を裏切ることになる。

無論、哲学者が自らの理性を過信して、勝手に罠にはまるのであれば、大きな害はないだろう。しかし「自律」を信奉する(俗流)カント主義や「歴史」を体制評価の尺度にする(俗流)ヘーゲル主義のように、大学の講座の枠からはみ出し、かなり粗雑に一般化した形で、知識人を介して社会全体に影響を与えるような思想であれば、社会全体の「物象化→同一化」傾向に寄与することになる。具体的には、科学の名の下で社会や自然を一元的に支配しようとする、悪しき啓蒙的理性を正当化してしまう可能性がある。アドルノは、ナチスの迫害の対象になったエトムント・フッサール（一八五九―一九三八）の現象学も、「体系」化の形で進行する［物象化→同一化］運動に取り込まれていたと見る。

アドルノに言わせれば、「哲学」、そして本来の方法である「弁証法」の本質は、自分自身の拠って立つ理論的前提を常に批判的に捉え返し、常識とか権威の形で、物象化しつつある「体系」や「概念」を掘り崩し、覆い隠されつつある「非同一性」を露わにすることである。「弁証法」とは、同一的な論理に生じる「矛盾」に注目し、その意味について考える思考法である。［正→反→合］を経て究極の総合に到達し、動かしようのない真理を獲得するための方法論ではないのである。それは、弁証法を歪める発想だ。通俗的なヘーゲル弁証法のイメージとは対照的に、徹底して「非同一性」に即して思考する弁証法を、アドルノは「否定弁証法」と呼ぶ。

「限定的否定」という戦略的態度

「否定弁証法」が同一化の罠を回避する鍵になるのが、「限定的否定」という戦略的態度である。「非同一的なもの das Nichtidentische」は定義からして、哲学的な「概念」によって直接的に、「実在するもの das Positive」として把握することはできない。「概念」による把握は「同一化」を意味するからである。「非同一的なもの」が浮上してくるのは、主体の思考を「同一性」の中に縛り付けている、物象化している「概念」を「否定＝批判」する時だけである。

少し具体的に考えてみよう。「市民社会」における「非同一的なもの」が浮上してくるというのは、社会の中で通用している通常のカテゴリー（基本概念）に当てはまらない立場やジェンダーの人、関係性、社会的緊張、不公正などが見えてくることだろう。例えば、ある社会の労働契約の在り方や職場環境全般が何かおかしい、十分に豊かになり、満足して生活している人がいる一方で自分たちはどうしてこんなに苦しいのか、不公正があるのではないか、と強い疑問を持った人がいるとしよう。彼の主張は既存の知によって検証・正当化できるだろうか？　契約に関する民法や商法等の体系の基礎概念が、支配階級や知識人に都合の良い先入観に基づいているとすれば、「実定法 das positive Recht」の概念を法学の規則に従って操作することで、その〝不公正〟を捕えることはできないように思える。「実定法」の基礎にある倫理の基本的な諸観念自体が歪《ゆが》んでいるとすれば、それらの観念に基づいて社会問題の解決を図ることや、倫理学や社会学によって、〝不公正〟を適切に記述することは難しいだろう。既存の社会的関係性に基づく経済が、（少なくとも社会のメインストリームから見て）破綻せず、うまく回っているとすれば、経済学の方法によって

〝不公正〟を記述することはできない。そうした〝不公正〟がそれまでの歴史の中で認知されていなかったとしたら、歴史学も頼りにならない。社会科学的な知の基礎にあり、社会的に広く通用している（＝同一化作用を通して社会的に広く浸透している、物象化した）諸概念の成り立ちを「批判」することを通してしか、その〝不公正〟（＝「非同一的なもの」）を浮上させることはできないだろう。

ただ、その際に、基礎の諸概念を安易に全否定しようとすると、現実から遊離して、観念的に言葉をもてあそぶことになり、〝批判〟すべき相手と同じような物象化された諸観念や概念、体系を作り出して、それにはまり込むことになりかねない。現実に何が可能なのかを無視して、〝真の公正さ〟を打ち出す人たちが、権力だけ握れば、より大きな〝不公正〟を生み出す可能性が高い。「批判」する「主体」自身も、［物象化↓同一化］された世界に慣れ親しんだ住民だからである。「否定弁証法」は、常に現実に密着し、いかなる理想化された概念的把握によっても消滅させることのできない「非同一性」から目を背けないという意味で、真に「唯物論 Materialismus」でなければならない。そうした「批判」は必然的に、現実を具体的に規定する形で批判する、「限定的否定」の形を取ることになる。

アドルノとポパーとの対立点

『三つのヘーゲル研究』では、可能な限りヘーゲルに寄り添っていこうとする姿勢がアドルノには見られたが、『否定弁証法』では、後期のヘーゲルが、自らが回避しようとしていたはずの同一性の思考に陥っていると明言し、袂を分かつ。漠然とした無内容の「存在」が、「否定」を介して、「定在（規定された存在）Dasein」へと「生成Werden」していく過程を論じた『大論理学』で二つの傾向が入り混じり、「同一性」が勝ってしまったと見ているようである。「非同一性」を、同一化された「体系」の中に回収してはならない。「消し去ることのできない非同一的なものの表現である弁証法的矛盾を、再び同一性によって平らに均《なら》すことは、この矛盾が意味するものを無視し、純粋な首尾一貫思考へと逆戻りすることと同じだ」。

弁証法を体系化すること、つまり同一性の思考へと引き戻すことを徹底的に拒絶するアドルノは、当然、「批判」を契機として人間の理性が「進歩」するという前提に立たない。「批判」による「進歩」を前提にすることは、批判する主体の立場を肯定＝実在化することを含意する。「主体」自身が、自然や人間の感性の多様性（非同一性）を平たく均し、（同一化された）有用性の基準に従って価値付けする物象化された世界の中で生まれた以上、「主体」の批判的知性のポテンシャルを信頼することはできない。

この点でアドルノは、既存の体系に対する理性的な批判、科学的反証を積み重ねることで、知性を進歩させていくことができるとする、科学哲学者のポパーと対立する。両者は、全体主義の誘惑に抗する、アウシュヴィッツ以降の社会科学的知の在り方を探究するという関心を共有していたが、科学的・批判的に思考する主体の（物象化された）社会からの自律性を認めるかをめぐって対照的な見方をしている。一九六〇年代に、ポパー等の批判的合理主義陣営とフランクフルト学派の間で展開された、社会科学の「実証主義」論争の根底にあったのは、「主体」と「進歩」に関する両者の見方の違いである。科学的・批判的に思考できる主体の自律性を認め、信頼を寄せることが、全体主義の阻止に繋がるのか、そういう発想こそが危険なのか。因みにポパーは、彼を全体主義批判者として著名にした『開かれた社会とその敵』（一九四五）で、プロイセンの官僚主義的な国家を歴史発展の法則の名において正当化したヘーゲルの思想を、全体主義の思想的源泉として、あっさりと否定している。ヘーゲル（のテクスト）と全体主義をどう関係付けるかをめぐっても、両者は対立している。

現代における「承認」論

政治思想の中の「承認」問題

アドルノがヘーゲルから引き出したのは、もっぱら「否定」の形を取る倫理であったが、一九九〇年代になって、よりポジティヴな倫理をヘーゲルから引き出し、現代的な議論に応用する試みが出てきた。「承認 recognition」をめぐる議論である。ヘーゲルに由来する「承認」論が現代思想の重要テーマとして注目されるきっかけを作ったのは、カナダの政治哲学者でコミュニタリアニズム（共同体主義）の四大理論家の一人であり、ヘーゲル研究者でもあるチャールズ・テイラーである──コミュニタリアニズムについては、菊池理夫《まさお》『日本を甦らせる政治思想──現代コミュニタリアニズム入門』（講談社現代新書）等を参照。

文化的背景がかなり異なる多くの民族が居住するカナダで、民族集団ごとの自治や権利をどこまで認めるかをめぐる「多文化主義 multiculturalism」の問題に取り組んできたテイラーは、論文「承認をめぐる政治」（一九九二）で、現代の政治思想において「承認」の問題が浮上してきたことを主張している。近代の政治においては従来、「平等」に焦点が当てられていた。社会主義が経済的な分配における「平等」を重視していたのに対し、自由主義は個人の「自由」を重視していたとするのが一般的な理解であるが、自由主義は、全ての市民に「自由」への権利を「平等」に付与すること、各人の自由を「平等」に尊重することに力を入れてきたとも言える。「自由の平等」に配慮しないのであれば、政治思想としての「自由主義」が存在する意味がなくなる。また、アメリカの主流派の「リベラル」と見なされているジョン・ロールズ（一九二一―二〇〇二）やロナルド・ドゥウォーキン（一九三一―二〇一三）は、社会は自由を追求する諸個人の協力関係のネットワークだという前提の下に、各人が自由に生きるために必要な基本財・資源の「平等」を主張している――アメリカの「リベラリズム」については、拙著『集中講義！　アメリカ現代思想』（ＮＨＫブックス）を参照されたい。

周知のように、一九八〇年代末から九〇年代初頭にかけての東欧諸国での社会主義政権の崩壊の前後から、ナショナリズムの台頭やそれに伴う地域紛争の解決が国際政治の新たなテーマとして重みを増している。自分たちを、国家を形成する権利と能力を具えた一つの「国民」として、あるいは、連邦国家的な枠内での自治を許されるべき権利と能力を具えた一つの「民族」として「認める」ことを要求するようになった文化的集団が次々と国際政治の表舞台に現れた。万人が労働と分配において平等である共産主義社会が実現しさえすれば、民族問題は自然と解決するので、民族的アイデンティティに拘るべきではない、という正統マルクス主義の言い分はもはや左派の間でも通用しなくなった。共産主義社会の実現を名目として、少数民族弾圧を続けてきた、ソ連の実体が明らかになった。

ただ、テイラーが直接的な論敵として想定しているのは、むしろ西欧諸国の自由主義者たちである。ロールズやドゥウォーキンのような（富の再分配を原理的に正当化する）平等主義的リベラルを含めて、伝統的な自由主義者は、政治は価値中立でなければならず、特に個人の私的生活に干渉すべきではないという前提から出発する。宗教や言語、伝統儀礼等、文化的アイデンティティに関する問題は私的領域に属すると考えられる。全ての市民を法的に平等に処遇するには具体的にどうすればいいのか、全ての市民に利益になるのはどういう政策かは公的領域に属する事柄なので、それらを政治のテーマにすることは、自由主義の見地から正当化し得るが、特定の宗教を信じる人、特定の言語を母国語とする人が、多数派から蔑視され、社会的に不利な立場に置かれないよう国家が配慮するのは、個人の私生活に干渉することになるので正当化できないという見方が成り立つ。カナダのケベック州のフランス語系の住民や他の少数民族が自分たちの言語文化を保てるよう、政府が集団的な権利を認め、補助を与えるのは、文化の中身に立ち入りすぎているように思える。ユダヤ教徒が安息日を休日にすることを求めたり、イスラム教徒が礼拝のための休みと場所を要求したりすることと、単なる変わり者が水曜日を休日にすることや、怠け者が多くの休憩時間とスペースを要求することを深刻さの面から別扱いすることはできない。どういう動機からそれを求めるかは、私的信条の問題だからである。

テイラーの柔軟な自由主義

自らが社会の多数派と異なった在り方をしていること、つまり「差異」を「承認」するよう求める人たちの声に対して、価値中立性に拘る従来の自由主義はうまく対応できない。テイラーは、厳格に各個人を平等に扱うのではなく、文化的多様性の保護を前提とする柔軟な自由主義を提案する。こうした彼の発想は、彼のヘーゲル研究と結び付いているのかもしれない。『ヘーゲル』(一九七七)や『ヘーゲルと近代社会』(一九七九)でテイラーは、ヘーゲルのテクストから読み取れる教訓として、「自由 freedom」あるいは「主体性」を「状況付ける situate」ことの重要性を指摘している。

歴史の中で生きる私たちは、自己自身のいかなるものにも依拠しない「絶対的自由」を求めてきたが、私たちの「主体性」が、各人が生きる具体的な社会、生活様式の中で「受肉＝具現 embody」するものである以上、主体が属している社会の在り方によって条件付けられているはずである。特に、主体が身に付けた「言語」を通じて、世界観や物の見方が形成されており、それを無視した、「自由」や「主体性」は考えられない。私たちの生は、完全には概念的に把握し得ない、無意識レベルに留まる欲望によって動かされている面がある。それらは芸術や宗教、日常的な生活実践において表現されている。それを理解するには、科学主義的・論理主義的なアプローチよりも、フッサールの生活世界論、マルティン・ハイデガー（一八八九―一九七六）の世界内存在論、ウィトゲンシュタイン（一八八九―一九五一）の言語ゲーム論、マイケル・ポランニー（一八九一―一九七六）の暗黙知論のような、明示的に意識化されることのない生に焦点を当てる言語・身体論のようなアプローチ――リチャード・ローティ（一九三一―二〇〇七）なら「解釈学的 hermeneutic」と形容するアプローチ――が有効である。

こうした生活の中に埋め込まれた具体的な生の表現に注目する思考法は、ヘーゲルというより、ヘルダーや、ヘーゲルと同時代を生きたシェリングやドイツ・ロマン派にその源泉を見出すことができる――ヘーゲルと初期ロマン派の関係については拙著『モデルネの葛藤』（御茶の水書房）を参照されたい。テイラーは、ヘーゲルの言語観や主体観を実はかなり（広い意味での）ロマン主義の影響を受けていたが、最終的には、「絶対精神」の自己実現のプロセスの中で、生の非合理性が克服されていくはずという前提に立ち、「受肉された主体」を捉え損なったことを指摘する。テイラーは、「精神」と「共同体（人倫）」をめぐるヘーゲルの思考の変遷、及び、彼のテクストのマルクス主義などによる受容を辿っていくことで、ヘーゲルが見失ってしまったものを取り戻し、現代哲学の「言語論的転回」（ローティ）の意義をしっかり把握したうえで、生産的に生かすことができると示唆する。テイラーもまた、アドルノほどひねくれてはいないが、ヘーゲルに逆らってヘーゲルのテクストを読んでいるわけである。

「主と僕」の弁証法とルソー型の「平等な尊厳」

話を論文「承認をめぐる政治」で提起された、文化的承認をめぐる問題に戻すと、テイラーは、標準的な自由主義、手続き的自由主義（procedural liberalism）が、［具現（受肉）した主体性→状況付けられた自由］を捉え損なっているがゆえに、あらゆる市民に自由な生活を保障するという目的を果たせないでいる、と考えているように思える。「承認」をめぐる問題は、手続き的自由主義の弱点を示している。「承認」を、「状況付けられた自由」論の枠組みの中で位置付けることが必要になる。

「承認」の問題は、平たく言い換えれば、名誉（honor）や誇り（pride）をめぐる問題である。名誉や誇りに拘ることは、他人の評価ばかり気にし、自分らしい生き方、真に自由な生き方をすることを妨げるということから、それらを否定する哲学的言説がある。ストア派やキリスト教などがそうである。しかし近代に入って、名誉や誇りを「平等な尊厳 equal dignity」として捉え直したうえで、意義付けする試みが生まれてきた。その二大源泉はルソーとカントである。カントは他者の人格を、何かを実現するための道具としてではなく、目的それ自体として扱うべきこと、つまり他の人格（人間）との関係において道徳的な原理に従って振る舞い、理性的な人格同士として相応しい関係性を築くべきことを主張する。ルソーは、「一般意志」の主体である「共通の自己」が形成されるには、市民たちがお互いを平等な人間として尊重することが前提になる――ルソーの「一般意志」論については、前掲の『今こそルソーを読み直す』を参照されたい。人々が共同体を作って共通の目的を追求するようになることと、お互いを尊重することは表裏一体の関係にある。カントの議論が、自らが道徳的に自律した人格であるために、他者の人格を尊重すべきことを説くものだとすれば、ルソーの議論は、「我々 we」という意識を形成するための尊重を説く。

テイラーによると、ヘーゲルの「主／僕」の弁証法は、ルソー型の「平等な尊厳」を根拠付ける内容になっている。前章で見たように、「生死を賭けた闘争」の勝者は、「僕」となる敗者からの「承認」を得ることで「主」になるわけだが、それは実際には「承認」というより、力ずくで「主」として受け入れさせられただけである。「主」が人格として価値ある存在として「承認」されると言えるには、その価値を付与できる権威を持った存在でなければならない。「僕」はその逆に、独立した人格としてのステータスを認められず、道具として扱われている存在である。「主」の「僕」に対する支配は力によるもので、精神的・法的権威に基づくものではない。「主」が、自律し、尊重されるべき人格として「承認」されることで、本当の「主体」になろうとすれば、少なくとも、自分と同じ人間としてのステータスを持った存在からの「承認」を求めねばならない。そのためには、自分以外の存在を、「僕」として下に置こうとする態度から、他者の人格を認め、道徳的共同体（＝「我々」）を形成しようとする態度へと移行しなければならない。その共同体では、「対等者間の相互承認 reciprocal recognition among equals」を通して、各人が主体化、人格化することになる。

このように「承認」の問題を掘り下げて考えると、市民社会は単に、人々が「欲求」あるいは「欲望」の実現のために契約的に関係し合っている個人のネットワークであるだけでなく、相互承認に基づいた道徳的共同体であらざるを得ない。それは、各個人の自由な生き方の根底には、その共同体に属する人の生き方を方向付ける「共通善 common good」があると主張するコミュニタリアンたちが想定する社会である。

初期ヘーゲルの「承認」論

ホーネットが参照した『人倫の体系』

フランクフルト学派の第三世代のリーダーとされるアクセル・ホーネットは『承認をめぐる闘争』（一九九二）で、初期ヘーゲルにおける「承認」論を掘り下げて、「主／僕」の弁証法とは異なる角度から、新しいヘーゲル解釈を現代の社会理論として、その展開の可能性を示した。主として参照しているのは、ヘーゲルがイエーナ大学の私講師だった時代に執筆した草稿『人倫の体系』（一八〇二―〇三）である。

この論考はフィヒテが『自然法の基礎』（一七九六）で示した、（自然）法の基礎付けを乗り越えることを目指したものである。フィヒテは、理性的な主体が、自らが現実の世界において自由に活動できる領域を確保するには、他の主体たちからそれを承認（anerkennen）してもらう必要があり、かつ、その承認を得るには、自らも相手を承認すべきこと、従って、相互承認が必要であると知っていることに、「法」の根拠を求めた。この認識に基づいて、実際に各人が自分の行為を制限することによって、「権利＝法 Recht」が生成し、相互承認し合う人たちは、法的な意味での「人格 Person」となる――ドイツ語の〈Recht〉やフランス語の〈droit〉など、「権利」を表す西欧の言葉は同時に「法」や「正義」も表す。いわば、自由な存在として既に自律している主体同士の相互承認という線で考えていたわけである。

それに対してヘーゲルは、「主体」が最初から自律しているわけではなく、相互承認を通して次第に「主体」としての自律性を獲得していく過程を描き出すことを試みている。相互承認は、「主体」が生成し切った後で、「主体」が自由意志によって実行することではなく、むしろ「主体」が「主体」であるための前提条件になっているのである。『精神現象学』では、「主／僕」の間の承認が論じられているだけだが、『人倫の体系』では、「主／僕」の間の支配／被支配関係から始まって、それが相互承認を通して「人倫（共同体的関係性）」の諸形態として発展していく過程が描かれている。『法哲学要綱』の議論を先取りするような内容が承認論と絡めて論じられているわけである。『法哲学要綱』では、「承認」の問題は直接的には論じられていない。

相互承認による共同体が形成される〝以前〟、つまりいかなる法＝権利も存在しない段階では、人々はホッブズの自然状態論で想定されているように自己保存のための闘いを繰り広げる。文字通りの「生死を賭けた闘争」において各人は力によって相手を屈服させ、自分が「主」、支配者であることを認めさせようとする。「承認をめぐる生死を賭けた闘争」が展開されるわけである。その闘争の中から、相互承認という形でお互いの安全を保障しようとする態度が培われてくる。

三つのレベルの承認が軸

そうやって形成された人倫（道徳的共同体）の第一段階が、共同の労働によって物質的な欲求を満たすと共に、「愛 Liebe」という形で感情的にも結び付いている「家族」である。夫婦や親子は、「愛」を紐帯にしてお互いを同じ家族のメンバーとして承認し合う。第二段階は、財産所有者同士の交換によって成り立つ「市民社会」である。ここで、所有者＝権利主体として相互承認し合う人々を結び付ける媒体になるのは、「法 Recht」である。第三段階では、人々は国家の情動的啓蒙によって、公共的生活に積極的に参加する姿勢を持った主体として統合される。この段階の媒体になるのは、狭い意味での「人倫」、人々の共同体的規範へのコミットメントである。

かなり粗削りな草稿にとどまっているものの、三つのレベルの承認を軸として、人々が社会＝主体化し、相互行為のパートナーになっていく過程が描き出されていることを、ホーネットは、現代にも通じる社会理論的考察として高く評価している。ハーバマスが主張する普遍的コミュニケーションを可能にしている条件、あるいはコミュニケーション不全を惹き起こしているものを社会学・心理学的に解明するうえで、「承認」の諸相を仕分けする作業が必要だからである。イエーナ時代のヘーゲルはその後も、「承認」の問題に取り組み続けているが、ホーネットに言わせると、自然状態にある諸主体の間の闘争と関係性の構築、相互行為を通しての学習をめぐる経験的考察は後退し、「精神」が予め決まったコースを——間主観的にではなく——モノローグ的に進んで行くかのような記述になっていった。承認論のポテンシャルは十分に汲み尽くされることはなかった。ただ、ホーネットは『私たちのなかの私』（二〇一〇）では、若干軌道修正し、『精神現象学』の中の承認論をポジティヴに評価しようとしている。

ミードの社会環境の中での自己発達論

ホーネットは、プラグマティズムの系譜に属するアメリカの社会心理学者ジョージ・ハーバート・ミード（一八六三―一九三一）による、社会環境の中での自己の発達論が、初期ヘーゲルのそれと近いことを指摘している——ハーバマスも、自らのコミュニケーション的行為の理論を社会心理学的に基礎付けるうえで、ミードの相互行為理論を参照している。ミードは、人が成長の過程において、「一般化された他者 the generalized other」の視点を身に付けていくことに注目する。「一般化された他者」の視点から、自己が社会の分業体制の中で担うべき役割を認識し、それによって自己の行動を制御するようになっていく。そうやって行為規範を内面化していく中で、次第に社会の自己のアイデンティティ＝〈me〉が形成される。

ミードによると、自分と関係しているものとして、「他者」を承認＝認識（recognize）

しない限り、私たちは自分自身を認識することができない。私たちは人格的な存在である〝自分〟のことを考える際、不可避的に、「私は○○の父である」「私は△△と契約関係にある」「◆◆は私に気を使っている」「私は●●より年齢がうえだ」「■■は私がXの役割を担うことを期待している」というように、「他者」との関係性を考慮に入れる。「他者」との関係抜きに、自分自身を人格的な存在として表象することはできない。そうした私の存在と不可分の関係にある「他者」たちから成る「共同体 community」の中で「承認」されない限り、私たちの自己 (self) は維持されない。

共同体の中での役割として与えられている〈me〉に対する、個人としての私の無意識的・情動的なリアクションを、ミードは〈I〉と呼ぶ。〈I〉が、社会から与えられる〈me〉に対して不満な時に、葛藤が生じる。〈I〉と〈me〉の不一致は強い緊張を強いるが、反面、それが契機となって、私個人が自発的に社会的に責任を持つことができる主体として成長していく契機が生まれ、かつ、メンバー間での問題解決のためのコミュニケーションを促し、社会がより高度に組織化していくことに繋がっていく。

ヘーゲルの人倫の発展論を、社会的行為論・役割論という形で機能主義的に読み替え、脱形而上学化した点でホーネットはミードを評価する。ミードの場合も、三つの承認の形式が想定されているとしたうえで、ミードの議論を踏まえながら第三の形式を市民相互の

「連帯 Solidarität」として捉え直し、三つの形式それぞれにおける、現代に通じる現実的な問題の諸相を描き出している。「愛」については、成長期において親子関係の歪みや身体的虐待等を経験すると、身体的統合感覚を十分に獲得することができない。「自己信頼Selbstvertrauen」を欠き、自らの身体や情動をうまく制御できなくなる。「法」については、一九世紀以降の参政権や教育を受ける権利、社会権などをめぐる社会運動、あるいは二〇世紀のアメリカでの公民権運動を通して表面化したように、人は権利を剝奪された状態になると、社会的統合から排除されていると感じ、「自己尊重Selbstachtung」を得ることができず、社会的な羞恥を覚えることになる。「連帯」については、自らの社会的ステータスや属する社会的集団のために、公共空間で「名誉」を傷つけられるような経験をすると、「自己評価Selbstschätzung」が低くなるという問題がある。

当然、三つの承認形式に対応する問題はばらばらに作用するわけではなく、複合的な関係にある。法的に平等に承認されないと、社会的に評価される地位に就くことが困難になるし、家族や友人関係の中で、愛のある関係を築くことにも支障が生じる恐れがある。愛によって自己信頼を得られないと、公共空間で他者から評価されるような振る舞い方を身に付けることが難しくなるし、市民としての権利を求める闘争にコミットすべく自らを動機付けることができないかもしれない。これらの困難によって各人の人格の発展と社会の統合は阻害されることになる。しかし、そうした否定的な経験が「承認をめぐる新たな闘争」のきっかけとなり、社会の発展を促すこともある。

新たな社会理論の展開の可能性

ホーネットの承認論は、「自由」と「平等」の相関関係に焦点を当ててきた社会主義者やリベラルの問題設定では、扱いにくい領域に関する社会理論を展開する可能性を開示したという点で画期的である。同じく「承認」の重要性を強調するテイラーのそれのように、コミュニタリアン的な要素を多分に含んでいると思われるが、ホーネットは、「連帯」の基盤になる価値共同体が、人々のコミュニケーションを通じて発展していく可能性のある開かれたものであることを強調する。また、愛の承認を強調する点で、個人の自律よりも、家族などの親密な関係における相互依存とそれに基づく責任を重視する、キャロル・ギリガン（一九三七— ）等のケアの倫理学と通じているように思えるが、ホーネットは、人間が特殊な他者たちとの親密な関係性を超えて、普遍的な道徳原理を志向するようになることを主張するハーバマスのコミュニケーション的理性を支持する立場を取っている。ホーネット自身の認識では、三つの形式を包含する承認論的アプローチは、政治哲学的には、自律を重視するカント主義的リベラルとコミュニタリアンの間に位置し、道徳発達論的には、ケアの倫理とコミュニケーション的行為の理論を媒介するものとして性格付けられるようだ。

規範と歴史

ローティの「プラグマティズム」からの視点

現代の哲学で最も影響力があるとされるのは、哲学的命題を構成する論理や言語の分析に力を入れる英米の分析哲学であるが、その中に、ネオ・プラグマティズムと呼ばれる潮流がある。ネオ・プラグマティズムとは、文字通り、プラグマティズム的な思考を復活させようとする試みであり、それを明確に掲げて、分析哲学の中に定着させたのは、先ほど名前を挙げたローティである。

分析哲学は、数学や物理学などの自然科学のように、経験的に確認できる物理的な事実と、ア・プリオリな論理法則の組み合わせによって、分析対象を正確に記述することを理想とし、そうした体系を構築しようとしてきた。人間の心の動きや行為、コミュニケーションについても、自然現象のように、物理的な因果関係、脳内の「刺戟—反応」メカニズムによって説明できるという前提に立つ。それに対してローティは、人間の行為は、因果関係に還元できるものではなく、言語的なネットワークの中で構築される社会的実践、各人の行動を正当化する基準によって規定される部分が大きいと主張する。

人間の行為を、非物理的な視点から捉え直そうとする試みは、アメリカの分析哲学の有力な理論家であるウィラード・ヴァン・オーマン・クワイン（一九〇八―二〇〇〇）やドナルド・デヴィドソン（一九一七―二〇〇三）にも部分的に見られたが、ローティは、分析哲学とは異なる手法の必要性を訴えた点で一貫している。彼は、人間の行為連関を解釈するのに、一九世紀のドイツ、ヘーゲルの友人であったシュライエルマッハー等によって開拓された解釈学の手法が有効だと示唆する。

そうした自らの立場を、ローティは、「プラグマティズム」の伝統を継承するものとして位置付ける――「プラグマティズム」の概要については、魚津郁夫『プラグマティズムの思想』（ちくま学芸文庫）、拙著『プラグマティズム入門講義』（作品社）等を参照されたい。「プラグマティズム」は、精神／物質（身体）、主体／客体、理想（観念）／現実を明確に区分して、一方で他方を説明しようとする二項対立的な発想はしないので、自然現象をモデルにして人間を正確に捉えることに拘らない。自らが生きていく必要から様々な目的を追求する生身の人間が直面する問題をいかに解決できるかに関心を集中し、もっぱらその視点から現象を記述する。

「精神」発展論との距離

初期においてヘーゲル研究に従事していたジョン・デューイ（一八五九―一九五二）や彼と友人関係にあり、共同研究者でもあったミードは、人間の個々の行為をそれぞれ独立したものとしてではなく、習慣化した生の営みとして連鎖しているものとして捉えようとした。デューイによると、私たちの行為は、自律した主体のその都度の判断によって決定されているわけではなく、習慣化された連鎖の中で、行為Aの後は多くの場合B、たまにCが続くというようにパターン化され、最適の結果に至るようになっている。その連鎖が何かの障害によって中断された時に初めて主体は、自己と対象の関係を意識し、問題を解決しようとする。その連鎖に周囲の環境や他の主体との関係が不可避的に関わってくる。ミードによると、各主体が自らを主体として意識するのは、他の主体のまなざしを意識し、それに対応しようとする時である。「プラグマティズム」においては、自己完結的に自律した主体が、個別に存在しているわけではなく、社会的・歴史的な行為連鎖の中で、その時々の状況に応じて立ち上がってくるわけである。

こうした見方は、ある意味、ヘーゲルの「精神」の発展論に似ている。「精神」の発展の普遍的・歴史的方向性を（形而上学的に）想定するヘーゲルと、実際に問題解決できるかを真理の基準とするプラグマティズムは、一見真逆のように見える。しかし自律した理性的主体を前提に考えるカントと違って、ヘーゲルは精神／物質、主体／客体、理想／現実の区別を超えて作用する「生成」の論理を探究した。ヘーゲルにとって、主体の個々の行為はそれぞれ別個に成立するわけではなく、常に自らの前後の行為と、そして周囲の物理的対象の状態と運動、他の主体たちの行為と連関している。主体たちの行為の積み重ねによって、社会全体が発展していくと見るプラグマティズムの代表的論客たちも、諸主体の実践が相互に密に連関し、一つの流れを形成していることを前提にしている。「精神」をめぐる形而上学的・実体的な論議を敢えて度外視すれば、あるいは、社会学的に読み替えれば、ヘーゲルとプラグマティズムの距離は意外と近いということは言えそうだ。

ブランダムの規範の形成と「語用論」

「ネオ・プラグマティズム」の旗振り役であったローティは、分析哲学にハイデガーや解釈学など、人間行為に特有の論理を探究する理論の系譜を取り込むことと、プラグマティズムの改良主義的左派としての側面を再確認・復権することに力を入れたが、ヘーゲルとの関係はさほど強調しなかった。しかしその理論的後継者と見なされるロバート・ブランダムは、ヘーゲルを念頭に置きながら自らの理論を展開していることを明言している。

彼の主著『明示化するMaking It Explicit』（一九九四）では、「規範norms」がどのように形成されるか、「語用論pragmatics」の視点から探究されている。「語用論」というのは、文脈や関係性によって変化する言葉の使い方を探究する言語学の一分野であり、プラグマティズムの創始者である哲学者・論理学者チャールズ＝サンダーズ・パース（一八三九—一九一四）やミードなどの影響を受けた哲学者・記号学者チャールズ・モリス（一九〇一—七九）によって統語論、意味論と並ぶ記号学の一分野として提唱され、その後、日常言語学の哲学者ジョン・オースティン（一九一一—六〇）やポール・グライス（一九一三—八八）の言語行為論的なアプローチによって理論的な基礎を与えられ、言語学の一分野として次第に発展した。ブランダムに影響を与えているハーバマスは、コミュニケーション的行為を可能にする普遍的条件、特に規範の形成に関わる問題を哲学的・社会学的に探究することを「普遍的語用論Universalpragmatik」と呼んでいる。ブランダムもこの意味で「語用論」と言っている。ただ、ハーバマスと違ってブランダムは「普遍的」という形容詞は付けていない。この点は少し後で述べる「規範」の本質をめぐる両者の見解の違いと関わっている。〈pragmatics〉と、「プラグマティズムpragmatism」は、「事実」「行為」を意味するギリシア語〈pragma〉を語源として共有するものの、基本的に関係ないというのが普通の理解だが、人間の行為の連鎖と結び付けて言語を捉えるプラグマティズムの言語観が、モリスなどを通じて一定の影響を与えていると見ることもできる。ブランダムはそうした両者の繋がりを意識しながら議論を進めている。

ブランダムは、「規範」をア・プリオリな道徳法則から導き出されるものでも、物理的因果関係に基づく——他の人間から是認してもらえ、結果的に自分に快楽をもたらす行動を選択するといった形での——行動パターンから派生するものでもなく、言語的な慣習＝実践（practice）の面から捉えようとする。簡単に言うと、ゲームのルール（規範）がどのように言語的コミュニケーションを介して形成されるか、という問題として考える。私たちは日々の対人的な行為に際して、自分や相手がどうしてそうするのか、そうすべきか理由（reason）を与え合っている。例えば、Aさんはビジネスにおいて自分のプライベートな事情に言及しないことにしており、その理由として、それがその相手との信頼関係を安定的なものにすることに繋がるから、という理由を挙げている、あるいはそう推測できる振る舞いをしているとする。Aさんが実際にビジネスで自分のプライベートな事情に言及せず、かつ、信頼関係を安定させるため、それと密接に関連する様々なポイント——例えば、個人的事情でビジネスパートナーに迷惑をかけないとか、自分のプライベートについて語らないことで別の問題を引き起こさないようにすること等——に気を配っており、首尾一貫しているとする。そうすると、Aさんのビジネスパートナーである B さんは、Aさんの行動を観察している内に、Aさんが「ビジネスにプライベートを持ち込まない」というルール（規範）にコミットしており、そのルールから生じる帰結に責任を負おうとしており、従って、Aさんはそのコミットメントを実行する資格がある、延いては、他人に対しても自分と同じ様に振る舞うよう要請する資格があると認定し、自分とAさんとの関係において、そのことを念頭に置いて行動するようになるだろう。

Aさんの行為を記録し、彼の規範的コミットの内容とその帰結について推論するBさんの役割を、ブランダムはスコア記録係（scorekeeper）と呼ぶ。Bさんの行為に関してもAさんがスコア記録係を務めれば、両者の言語ゲームの中に、各種の規範的なルールが形成されることになる。こうした二人の主体の間のスコア記録を介したやり取りから、規範的な要素を含んだ、言語ゲームのルールが形成されることを論証しようとするブランダムの語用論＝プラグマティスト的アプローチは、規範はア・プリオリなものか経験的なものかという伝統的な問題を回避すると共に、理由に基づく人間の行為を、物理的因果関係と矛盾しない形で説明できる点で斬新であり、注目されている。

主体性の歴史的発展を強調

ブランダムは、コミットメントのスコア記録が、社会を制御する規範形成に繋がるという自らのアイデアはヘーゲルから刺激を受けたものであると、いろいろな所で明言している。論文「ヘーゲルの観念論におけるいくつかのプラグマティズム的観点」（一九九九）で、『精神現象学』の「主／僕」の弁証法のくだりなどで示されたヘーゲルの「相互承認」論は、コミットメントとそれに伴う責任の引き受けを相互に行うことによって規範が形成される可能性を示している、と指摘する。他者を承認することは、それらの他者と「私」自身を包含する規範的なコミュニティを想定することを含意する。

> 相互承認はヘーゲルにとって、規範的なものをそれ自体として認知可能にする構造である。私はそう主張してきた。相互承認は、その典型的な社会的形態において、自己意識を持った諸個人の自己（コミットメントと責任の主体）と彼らの共同体（お互いのコミットメントを認め、評価し合い、互いを責任ある存在と見なすことによって結合している自己たち）を創設するのである。

先に見たホーネットの初期ヘーゲル解釈と同様に、ブランダムもまた相互承認を通して、倫理的な関係性が形成され、各人が単に動物的欲求に従って行動する生き物から、規範的な判断能力を具えた主体になると見ているわけである。ブランダムの場合、「承認」

によって規範的な関係性が一気に形成されるのではなく、お互いをコミットメントと責任を負った存在と見てスコアを記録するプロセスがスタートするだけである。スコア記録に従って、規範的なものは次第に固定化され、各人の振る舞いはより自律性が高まっていく。この方が、主体性の歴史的発展という面が強調されている点で、よりヘーゲル的であるかもしれない。経験的な心理学や社会学との親和性も高まりそうである。『哲学における理性』(二〇〇九)では、カントとヘーゲル、特にヘーゲルの(言語を介した社会的実践と結び付いた)「理性」観を、自らのプラグマティズム的なそれに引き寄せて再解釈することを試みている。

ハーバマスの普遍的コミュニケーション論

こうしたブランダムの試みに対しハーバマスは、『真理と正当性』(一九九九)で大筋では好意的に受け止めながら、いくつか理論構成上の難点を指摘している。まず、ブランダムの「スコア記録係」の付ける記録は、相手がどのような理由に基づいて行為するのか、区別する基準を持たないように見えるということがある。現実的な利益を求めたり、起こり得るトラブルを避けるためにそうするのか、積極的な理由はないのに単に今までそうしてきたからという習慣的理由によるのか、あるいは、道徳的理由によるのか、社会的規範が確定される以前の「スコア記録係」には区別しようがない。では、スコア記録係は何故、そして、どのようにして規範形成に繋がる理由を、それとは異なる種類の理由から仕分けするのか？　そもそも、区別しないのか？　ブランダムは、規範と事実の境界線を相対化しようとしているように見えるが、それだと、生物としての人間の行動の連鎖から、どうやって「規範」が立ち上がってくるのか、という肝心な点が曖昧になってしまう。「スコア記録」が人々の行動と（本人の自己申告による）その理由だけを根拠に行われ、それに対する批判的考察を必ずしも含まないとすると、特定の社会において、人々の生活に密着している――それゆえに当事者たちからほとんど疑われることのない――既存のルールをそのまま規範的事実として是認することになる可能性がある。無論、当該の社会に属さない人が新たに参入してきて、別のパターンの「スコア記録」が始まることで、既存のルールが批判され、修正される可能性もあるが、ブランダムの枠組みではその必然性は想定されていない。複数の「スコア記録」が相互に批判し合って、収束していく道筋は見えてこない。

そこで、ハーバマスは明確に道徳的な意味を持った規範が形成されるには、人々の生が営まれる生活世界における既存のルールを、批判的に問い返す、普遍性を志向するコミュニケーションが不可欠だと示唆する。つまり、自分の目の前の他人がどう行動しているか観察・記録（記憶）するだけでなく、それが適切なのか、自分自身の観点から、そして、第三者の観点から問い直し、お互いに討議することが必要になる。少なくとも、相手が自分の問いかけに対しどうリアクションするかシミュレーションしないと、「スコア記録」は、現状のルールの問い直しには繋がらない。この場合の第三者というのが、ライフスタイルや価値観を共有する人たちの共同体のメンバーであれば、現状変革に繋がる可能性はあまり高くない。しかし、「言語」――当然、母国語だけでなく、あらゆる人間の言語が含まれる――によって自分たちと討議する可能性がある全ての人を含むヴァーチャルな共同体を想定し、その仮想的な共同体のメンバーからの批判に答えられるような「理由」、誰の目から見ても公正で受け入れ可能な理由を探究するのであれば、現状変革の可能性が開かれてくる。

ハーバマスは『コミュニケーション的行為の理論』以来、人間は社会的な問題を解決する討議をする際に、明確に意識していなくても、何らかの形でそうした、普遍的でヴァーチャルなコミュニケーション共同体を想定していて、そのメンバーたちの視点を取っていることを主張してきた。それは、「汝の意志の格率が常に普遍的立法の原理として妥当するように行為せよ」、という形で定式化されるカントの定言命法をコミュニケーション論的に再解釈する道徳観である。つまり、自分の意志を支配する格率（基本原理）の普遍的首尾一貫性を自分の理性だけでテストするのではなく、普遍的な道徳的コミュニケーション共同体を肯定するメンバーたちの視点からテストするということである。

道徳の普遍性

無論、単にそうした共同体を想定するだけであれば、空虚である。しかし、異なった文化的・歴史的背景を持つ人同士の接触を通じて、人々のコミュニケーションの経験が豊かになれば、次第に実質的な意味を持つようになると期待できる。ハーバマスは、私たちの現実的な「コミュニケーション——討議」が、次第に普遍的コミュニケーション的共同体に近づいていく可能性を示した点で、ヘーゲルの歴史哲学の有効性を認めている。ざっくりまとめると、コミュニケーション論的に再解釈されたカントの道徳哲学と、「人倫」（歴史的に形成されてきた社会規範）の発展をめぐるヘーゲルの歴史哲学を融合するのが、ハーバマスの目指すところである。そうしたハーバマス的見地からすると、ヘーゲルの相互承認論に新たな道徳哲学の可能性を見出そうとするホーネットやブランダムの議論は、現実の社会における関係性と接点を持ちにくいカント哲学の弱点を克服しようとした初期ヘーゲルの試みを知るうえで意義深いが、既存の「人倫」を、普遍的な観点から批判的（コミュニケーション論的）に捉え返していく、カント主義の強みをヘーゲルが失ってしまったことを図らずも暴露するものである。

コミュニケーション形態の発展を重視するハーバマスのヘーゲル主義と、人格としての相互承認を重視するホーネットやブランダムのヘーゲル主義の間の違いは、ヘーゲル解釈の枠を超えて、（事実と異なる）規範はいかにして生成するのか、道徳の普遍性は何によって担保されるのかをめぐる、現代哲学の重要なテーマを示している。

「アンティゴネー」をめぐる闘い

「法 vs. 道徳」あるいは「実定法 vs. 自然法」

『精神現象学』の中の「主／僕」の弁証法やストア派について論じた箇所のしばらく後、「教養」や「啓蒙」に関する記述の少し前で、「法」について論じられている。そこで、ソフォクレスの『アンティゴネー』が引き合いに出されている。『法哲学要綱』にも『アンティゴネー』からの引用が見られる。

アンティゴネーは、エディプスとその実の母で妻でもあるイオカステの間に生まれた娘である。自分の出生の秘密を知ったエディプスが自らの眼を潰してテーバイの町を出て放浪の旅に出ると、妹のイスメネーと共に彼に付き従い、エディプスの死後、テーバイに戻って来る。すると、彼女の兄の一人ポリュネイケースが、テーバイの王位を取り戻すべく、隣国の力を借りて、テーバイに攻め寄せてくる。それに対して、もう一人の兄エテオクレースは、テーバイを防衛する軍に加わった。二人は相討ちになって戦死する。

彼女は二人の兄を弔おうとしたが、叔父でテーバイの新しい支配者になっていたクレオンは、国家に対する反逆者であるポリュネイケースを埋葬したり、葬儀を行うことを一切禁じた。アンティゴネーは、兄への愛情からこの禁令を破り、ポリュネイケースを埋葬した。クレオンは彼女を捕らえ、罰として、地下に幽閉して餓死させることにした。アンティゴネーは地下牢の中で自害し、クレオンの息子で、彼女の婚約者であったハイモンも自害する。更に息子が死んだことで絶望したクレオンの妻も後を追う。

この物語の思想的な核になるのは、国家（ポリス）の法への服従を求めるクレオンと、人間の作った法を超える神々の法、肉親への自然な愛情に従って振る舞うことを命じる法にこそ従うべきだとするアンティゴネーとの対決である。このエピソードは法哲学において、［法vs.道徳］あるいは［実定法vs.自然法］の対立関係や、国家に対する市民の忠誠義務をテーマ化した古典的な事例としてよく引き合いに出される。ヘルダリン（一七七〇―一八四三）、ベルトルト・ブレヒト（一八九八―一九五六）、ジョージ・スタイナー（一九二九―　）等、多くの文学者や哲学者がこれを翻訳・翻案・上演したり、評論を書いている。

ハイデガーやラカンも独自のアンティゴネー観を示している。

「共同体的心情」と「犯罪」を行う者

『精神現象学』でヘーゲルは先ず、人々の自己意識を方向付け、相互に関係付け、共同体の秩序を作り出す媒体として「法 Recht」を位置付けている。「法」の人倫＝共同体的な役割を描写するため、アンティゴネーの言葉を引用している。おまえは法を破ったなと詰め寄るクレオンに対して、彼女は言った。

昨日や今日のことではなく、いかなる時にも常に生きているのが神々の法であり、それがいつからあるのか誰も知りません。

このフレーズを字義通りに取ると、永遠なる神々の法を示唆しているように見えるが、前後の文脈から見てヘーゲルがこの引用で言わんとしているのは、共同体のその時々の有力者の思惑でどうにでも操作できるものではなく、共同体を構成する個々のメンバーの自己意識の形成に先行し、自己意識の中に浸透している法がある、ということだ。「法 nomos」は当該の共同体と共に歴史的に生成し、共同体のメンバーにとってはあたかも

「ア・プリオリ」に存在するかのように見えるもの、フーコーが「歴史的ア・プリオリ」と呼ぶもののような性質を帯びているのである。

この箇所に次いでヘーゲルが、『アンティゴネー』から引用するのは、「共同体（人倫）的心情 die sittliche Gesinnung」と「犯罪 Verbrechen」を行う者の自己意識の関係を論じる文脈においてである。以下のアンティゴネーの台詞を引用している。

私たちが苦しむのは、私たちが罪を犯したと認めているからでしょう。

該当箇所をこのように訳す（解釈する）のは不正確であるが、この点については少し後で説明することにする。この引用の前後でヘーゲルの言わんとしているのは、自覚して共同体の「法」を侵犯することとは、自分がその共同体の一員であると自覚することを含意している、ということだ。普段、自分が共同体のメンバーだとあまり自覚していない人も、犯罪者になる瞬間にそのことを意識する。その周囲の人も、自分たちが共同体のメンバーとして人倫（道徳的・法的規範）を改めて認識させられる。いわば、犯罪は共同体を成り立たしめている人倫の境界線を意識化させ、共同体を再構成するという逆説的な働きをする。

アンティゴネーの「認めている」という台詞の原語（ドイツ語）は、〈anerekennen〉、つまり、「承認する」である。だとすると、「主／僕」の弁証法から生まれた「承認」関係が、ここで再び生きてくることになる。アンティゴネーは、ポリスの法を意識して犯したことで、図らずも、その法の存在を「承認」してしまったことになる。この台詞についてヘーゲルは以下のようにコメントしている。

この承認は、人倫（共同体）の目的と現実との分裂が止揚されたこと、正義（das Rechte）以外のものが妥当することはないことを知る共同体的心情への回帰を表す。が、それに伴って、行為する者は自らの役回りと自己の現実性を放棄し、没落へと向かうことになる。彼の存在は、共同体の掟（Gesetze）を自分の本体（Substanz）と見なしてそれに従属することにあるが、自らと対立する法を承認するとなると、本体が本体でなくなってしまうからである。

高次の視点に立ち「総合」

「止揚」の原語である〈aufheben〉というのは、通常のドイツ語では、単に「止める」という意味だが、語の作り方から、「上に持ち上げる auf ＋ heben」という意味にも取れるので、ヘーゲルはこれを、矛盾し合う二つの要素を、高次の視点に立って「総合」することで解決にもたらすという意味で用いている。有名なヘーゲル用語である。全体的に言い回しが難しいが、ここでヘーゲルが言わんとしていることははっきりしている。罪を犯す者は犯す瞬間に、自分の罪意識を通じて、共同体の一員としての自分の本体が何であるか知るが、それは、自分のような罪を犯した存在を否定する「掟」を（間接的に）「承認」することでもあるから、（共同体の一員としての）自己の存在自体を否定することになる。掟によって現実に処罰される前に既に、自分自身が自らの共同体によって滅ぼされるべき存在であることを「承認」せざるを得なくなるのである。

この後の箇所でヘーゲルは、ポリュネイケースとエテオクレースの相討ちにも言及する。二人の兄弟がたまたま一方はポリスを守る側、他方は攻撃する側になったことによって、ポリスを守る「法」の厳格さ、家族という自然な絆よりも優先され、家族の絆を断ち切るポリスの「法」の特権的地位が浮き彫りになったわけである。そのもう少し後の箇所では、政府が実現しようとする共同体（Gemeinwesen）の一般的利益を主として担うのが「男性性 Männlichkeit」であるのに対し、家族などの私的利益を公共的なものより優先すべく、様々な陰謀をめぐらし、共同体の基盤を掘り崩す危険を帯びた「女性性 Weiblichkeit」を対置している。ヘーゲルが、アンティゴネーをそうした「女性性」の象徴と見ているのは間違いないだろう。

家族の私的利益や慣習と、国家の公的利益と普遍的法を切り分け、可能であれば、前者を後者に従属させることは、「法」の主要な機能である。アンティゴネーは、単に共同体に対して罪を犯したというだけでなく、「法」の公共性の対抗原理である、家族の絆を代表する形で罪を犯すことによって、「法」の本質を二重の意味で露わにしたことになる。

このようにアンティゴネーの行為を、本人の意志とは関係なく、「法」の普遍性を承認するものと理解する、ヘーゲルの解釈は哲学的には魅力的だが、フェミニズム的には、女性的なものを、非公共性の権化と見ることには異論があるだろう。バトラーは、『アンティゴネー』をポスト・フェミニズム的に読解することを試みた『アンティゴネーの主張』（二〇〇〇）で反論を試みている。

バトラーの精神分析的解釈

バトラーによると、ヘーゲルとラカンは同じような役割を「アンティゴネー」に割り振っている。ヘーゲルが国家の法に対抗して挫折する女性の役割を与えているのに対し、ラカンは彼女の欲望の対象をやや複雑に解釈してはいるが、象徴界の法を侵犯しようとして挫折する女性の役割を与えている。いずれの場合も、その挫折を通して「法」の機能を明らかにするための、生け贄的な役割を果たしているわけである。

バトラーはヘーゲルによる解釈に対して、アンティゴネーが自分の罪を「認め」、それによって共同体の法を「承認」したという点を問題にする。バトラーが指摘するように、該当箇所でアンティゴネーが実際に語っているのは、「もしこの成り行き（＝クレオンの取った措置）が神の眼に善きことなら、私はさんざん苦しんだ果てに、自分の罪を思い知る（認める）ことになるでしょう」ということだ。確かに、ドイツ語の〈anerkennen〉に相当する〈suggignosko〉という動詞は使われているものの、条件付きである。しかもかなり皮肉を込めた条件である。アンティゴネー自身が、罪の意識を抱きながら、ポリスの法を侵犯したというヘーゲルの解釈には無理がある。

バトラーは、そうしたヘーゲルの無理な解釈に精神分析的な解釈を試みる。ヘーゲルは、アンティゴネーの共同体（人倫）的な意識について論じる少し前の箇所で、以下のように述べている。

行為者は犯罪と自分の責任を否定することはできない。行為とはまさに、動かないものを動かすことであり、それまで可能性としてのみ存在していたものを表に出し、無意識のものと意識されたもの、存在しないものと存在とを結び付けることだからである。こうした真実の下で、行為が白日のもとに晒されることになる。行為者は自らの行為が、意識されたものと無意識のもの、固有のものと異質なものとがそこで結び付くものであること、意識を一方の極として含む二極化した存在であること、そしてまた、自らの力であると同時に、自らが傷付け、自らに敵対的なものとして呼びおこしてしまう力でもあることを、知ることになるのである。

脱エディプス化的な倫理の可能性

犯罪に限らず、行為というのは一般的に、それまで半ば無意識の領域にあった自らの欲望を顕在化し、全面的に意識化するという性質を持つ。やってみて、実行してみて自分がもともと何をやりたかったのか、どういう感情によってその行為へ動機付けられていたのか改めて知る、あるいは、結果を見ているうちに、明確に言語化されない形で次の行為への動機が生じることがある。共同体の法に反する行為の場合、周囲から責められる、あるいは責められるような気がするため、それまで「無意識 das Unbewußte」の状態に留まっていたものと、それが意識化された後の状態の対照が際立つが、意識／無意識の対立構造に変わりはない。

問題は、その「無意識」の中身である。ヘーゲルは、その正体は、アンティゴネーの心の中に根を張っている共同体の規範（人倫）意識だと解釈することで辻褄を合わせようとしているように見えるが、本当にそれだけなのか？　バトラーは、アンティゴネーの「無意識」の中には、むしろ、「ポリスの法」と対立する、太古より永遠に存在する「神々の法」が働いていたと解釈できるのではないかと示唆する。その「神々の法」というのは、ポスト精神分析的な見方をすれば、既存の（男性中心主義的な）国家の法、あるいはエディプス的な主体を呪縛する法（ファルス＝象徴界の法）が確立する〝以前〟に作用していた、原初的な欲望が従う〝法〟であるかもしれない。「神々の法」に従おうとするアンティゴネーは、普遍的な自然法の体現者であると解釈されがちだが、むしろエディプス的な理性の主体には理解しがたい、無意識の領域に押し込められていた、多様な性愛や家族関係を許容する〝法〟を復活させ、それに従おうとしたのではないか。

バトラーの視点から見れば、「罪」へと人々を誘う「無意識」の領域に言及しながら、それを強引に、私的な感情よりも公的領域の秩序を優先する男性的な主体たちに共有される共同体の法として解釈してしまうヘーゲルの読解姿勢はあまりにも性急で、不自然である。それは、ソフォクレスのテクストからその痕跡が読み取れる、太古から私たちの身体の中に生きている「神々の法」にヘーゲル自身が恐れを抱いていたからではないか。ソフォクレスは、『エディプス王』で自分の父殺しと母との近親相姦を知って罰せられるエディプスの悲劇を描き、『コロノスのエディプス』で、死の直前のエディプスと、（その娘・

息子であると共に妹・弟でもある）アンティゴネーやポリュネイケースとの関係性を描いている。ソフォクレスは、（近親相姦から産まれた）アンティゴネーの言動に、エディプス的な法が確立される〝以前〟の古き神々の法を呼び起こそうとする危ういものを感じていたのではないか。バトラーはそうやってヘーゲルに抗してヘーゲルの『アンティゴネー』読解を読むことで、脱エディプス化的な倫理の可能性を示唆する。

第四章　「歴史」を見る視点

ヘーゲルにおける「歴史」と「哲学」

歴史を参照し知の体系を構築

第一章、二章で既に示唆したように、ヘーゲルの「歴史」哲学は、彼の「哲学」観と不可分の関係にある。それは、人間の思考や行為の〝正しい在り方〟を指し示そうとする、あるいは、少なくともそういう身振りを示す「哲学」、あるいは哲学的理性が、そうした自分の立ち位置をどうやって正当化するのか、という問題である。「哲学」が単に常識や偏見を疑うだけで、人々が従うべき理性的な思考の道筋(規範)を示すことに拘らないのであれば、さして難しい理論的に困難な問題はない。自分自身の思考パターンが硬直しないよう、自己批判を繰り返すだけでよい――実際には、その姿勢を保ち続けるのはかなり大変なことなのだが。

「歴史」と「哲学」を一体不可分のものと見るヘーゲル哲学の思想史的な意味を再確認しておこう。カントは、人間の「理性」が自分の能力を超えた所まででしゃばって、宇宙の起原や神の本性について語ろうとする傾向があることを指摘し、最も「理性」的な営みである「哲学」の役割を限界付けようとした。そこで、「哲学」の仕事を、経験的に確認可能な知覚のメカニズムを探究する認識論の領域と、道徳の領域、美的価値判断に関わる領域に区分けしたうえで、認識論の領域では、具体的な対象を認識するメカニズムの探究に専念した。しかし、彼の後に続いたフィヒテは、そうしたカントの禁欲的態度に飽き足らず、人間の精神活動の全領域を統一する体系を構築し、かつその体系をメタ論理的に基礎付けることを試みた。フランス革命後の哲学的精神が高揚していた時代には、そうした壮大で完成した知の体系を打ち立てることが求められたのである。

フィヒテは、(自我自身を含めて)全ての事物はその存在を自我によって措定されていること、および、自我はそのことを反省によって知ることができる、という二つの根源的事実を、自らの体系の出発点にしようとした。ただ、そのことによって、自我にとって自己自身を始めとする、全ての事象に関する知識はどのようにして保障されるのか、単なる自我の思い込みではないのか、というデカルト以来の近代哲学につきまとう根本的矛盾を改めてクローズアップさせることになった。知の起点である「自我」の、対象や自己の在り方について反省する能力が信用できなければ、「自我」の営みである「哲学」の言説は、全て怪しくなる。〝哲学〟など、自分のことさえ、よく分かっていない〝私〟(たち)の妄想ではないのか?

シェリングは、私たちの「自我」には自己自身にも把握できない、非理性的、無意識的な側面があることを認め、純粋に合理的な、見通しがいい知の体系を構築することは放棄する方向に舵を切ったが、ヘーゲルは「歴史」を参照することで、現実に存在する「私」が把握できない領域を、合理的に把握し、壮大な知の体系を構築する路線を打ち出した。すなわち、個々の自我を包摂する人間の「精神」が歴史的に発展してきた方向性を辿り、それを未来へと延長していくことによって、「哲学」的な知の立脚点を得ようとした。

未来は不確定という問題

（その時々の「哲学」の営みに凝縮される）人間の「知」の全般的な発展過程とその成果が、ある哲学者が構築する「知」の体系が指し示すところと合致していれば、その体系は正しいと言うことができよう。合致するとしたら、それは、当該の「哲学」の体系が、歴史的に生成してきた人間の普遍的な「知」を集約したものであり、「哲学史」の頂点に立っているからだろう。そうした自らの歴史的な位置付けを明らかにするには、「歴史」の発展の普遍的方向性を発見する必要がある。それが、ヘーゲル以降の「哲学」の新たな課題になった。普遍的発展法則に従って進行していくはずの「歴史」と、人間の理性の結晶であり、理性の働きを明らかにする役割を担う「哲学」は相互依存関係にある。

しかし、そうやって「哲学」と「歴史」の相互依存関係を前提にすると、「哲学」は自らが呈示する歴史の発展法則を正当化しなければならなくなる。過去の歴史であれば史料などによって経験的に確認できるが、未来のことは分からない。未来は常に不確定である。そこにヘーゲルの「歴史哲学」にとっての最大の問題がある。未来において、歴史的事実の認定の仕方や歴史の叙述・構成の仕方を含めて、これまで動かしがたい「歴史」の根本的事実・法則とされていたものが、全てあるいは部分的に間違っていたと判明するかもしれない。そうなると、それを支えとしている「哲学」も知的権威を失う。「歴史」との一体化は、「哲学」にとって諸刃の剣である。

そこで第二章で話題にした「絶対知」が問題になる。ヘーゲルのような「歴史哲学」は、自分が記述している「精神」の運動がいつしか、「歴史」――「精神」からしてみると、自己自身のそれまでの運動――の全ての意味を知る「絶対知」に到達すること、かつ、哲学者としての自らが、「絶対知」に到達した「絶対精神」と同一化し、全てを見通せることを大前提とするかのような構成を取らざるを得ない。そういう前提を取らないと、自らの叙述の全てが宙に浮いてしまう。ヘーゲルは、その最終的な立脚点の所在について、『精神現象学』の最終章で言及している。このことをどう評価すべきか？

自分自身の立脚点のことを正直に語る彼の誠実さ、哲学的一貫性を追究する姿勢の表れのようにも見えるが、自分の立脚点の弱さに直面して開き直り、形而上学的・疑似神学的な想定に逃げているようにも思える。それがヘーゲルに対する評価の分かれ目になる。マルクスは、「哲学」と「歴史」の不可分の結び付きを見出した点でヘーゲルを評価する一方で、歴史の最終ゴールを、理性の推論によって予見しようとする観念論的な発想は徹底的に批判し、あくまでも、歴史的・社会的な現実を（距離を取りながら批判的に）観察することによって、歴史発展の法則を見出す唯物論的方法を提唱した——いかなる理念（理論的仮説）も予め前提することなく現実を観察して法則を導き出すということは可能かという問題を改めて考えると、第三章で見た、ブランダム―ハーバマス論争に繋がっていく。あるいはラカンのように、「絶対知」を自我が超えてはならぬ境界線を指し示すものとしてアイロニカルに理解する見方をすることもできる。

「絶対知」の扱い

それに対して、ヘーゲルを専門的に読解し、ヘーゲルに固有の概念や方法を強引な〝解釈〟で大きく変質させることなくほぼそのままの形で保持しながら、現代にも使えるものであることを示そうとする人たちは、「絶対知」の扱いに苦慮することになる。偉大なるヘーゲルが「絶対知」の到来を予見していたということになれば、ヘーゲルの「歴史哲学」全体が、〝啓示〟になってしまう。「絶対知」は到達すべき努力目標だということにすれば、形而上学・神学であるとの批判は回避しやすいが、それだと、ヘーゲルの「歴史」の論述全体が、単なる希望的な憶測になってしまう。カントに『世界市民的見地から見た一般史の構想』という、世界的な市民社会が実現するのではないかという期待と推測による、歴史観を呈示した短い論文があるが、それと基本的に同じことになってしまう。ヘーゲルの〝歴史〟の方が、より多くの素材を取り込んでいて長大であることが違う、というだけのあまり面白くない話になってしまう。

恐らく、「絶対知」というのは少なくとも現代の哲学者が実体的に捉えることができるものではないが、哲学的思考を刺激し、導く指導的理念のようなものであり、自分自身や社会の在り方を捉え直そうとする、私たちの反省的・倫理的思考に不可避的に内在する、というような位置付けを与えるのが、一番座りがよく、ハーバマス、テイラー、ホーネット、ブランダムなどの間で展開される最先端の議論にも繋げやすいだろう。ただ、『精神現象学』では、「絶対知」は、「歴史」の中で運動してきた絶対精神が最終的に到達する、自己知である、というごく抽象的な規定しか与えられていないので、ヘーゲルのテクストだけを頼りにして、そうした位置付けを与えるのは困難であるとも思える。

「私たちにとって」

「知」の対象が、「意識」の内容の場合

「絶対知」と密接に関係しているが、もう少し扱いやすいヘーゲル哲学のテーマとして、「私たちにとって für uns」をめぐる問題がある。「私たちにとって」というのは、簡単に言うと、「観察・叙述されている対象自体にとって」ではなく、それを観察・叙述している「私たち」にとってどうなのか、という視点の問題である。

『精神現象学』の「序論」の終わり近くで以下のように述べられている。

> さて、私たちが知の真偽を探究しようとする時、私たちは知がそれ自体として（*an sich*）何であるか探究することになるように見える。そうした探究においてのみ、知は私たちの対象となり、私たちにとって存在するものとなる。そして、そこから帰結する知のそれ自体（*Ansich*）は、むしろ、私たちにとっての存在であることになろう。私たちが知の本質と主張するであろうものは、知の真理というより、知についての私たちの知にすぎないことになろう。本質あるいは物差しは私たちの内にあること

になり、そうした物差しと比較され、その比較に基づいて当否が決定される当の対象は、必ずしもその物差しを認めなくてもよい、ということになろう。

しかし、私たちの探究する対象は、その本性ゆえに、こうした分裂、いや分裂あるいは前提らしく見えるものを免れる。意識は自らに物差しを与えるので、真偽の探究も意識の自己自身との比較という形で行われる。というのも、上記の区別は意識自身が行う区別だからである。

「知」が常に相対的で、観察・叙述主体である「私たち」にとっての「知」にすぎないこと、もう少し詳しく言うと、「私たち」の知覚や教養の在り方に依存するというのは、デカルト以降の近代哲学で散々論じられてきたことで、それ自体としては目新しいことではない。ここでヘーゲルが問題にしているのは、その「対象」が「意識」の内容、あるいは「意識」の中で生じる出来事である場合どう考えるべきか、ということである。

物理的に実在する「対象」であれば、認識のための「物差し」、例えば、温度や長さ、重さを測るための測定器を――現在の「私たち」から見て――より精密なものに置き換えることによって、測定値が変化し、以前の認識が間違っていたことが判明することがある。その意味で、現在の「私たち」にとっての認識にすぎないことが際立つ。しかし、

「私」たちそれぞれの意識の内部で起こることについては、「物差し」が外界で実体化し、対象と直接的に比較されることがないので、〝間違っている〟と〝客観的〟に判明することはない。「対象」となる意識の内容、意識の中での出来事を認識する「私（たち）」自身も、「意識」の中から生まれ、「意識」の中でのみ活動する存在者だからである。「意識」の内容に関する真偽の判定は、誰かの「意識」の中で成されるしかない。

「経験」から「私たち」の視座が形成される

「私」の「存在Sein」、あるいは「私」という「意識Bewußtsein」――「意識」を意味するドイツ語〈Bewußtsein〉は、「存在」を意味する〈sein〉を綴りの中に含んでいる――を措定するのは「私」自身なので、「私」に関わることは、「私」自身が把握しているはず、という主旨のことを主張したのはフィヒテである。フィヒテに即して考えると、「私」自身の自己反省を深めていけば、「意識」の構造は解明されるということになる。ヘーゲルもここでそれと同じことを言っているようにも見えるが、彼は、「私にとって」ではなく、「私たちにとって」と言っている。「私」個人が自分の内面を探る、という単純な営みではない。「私たち」として想定されているのは、「哲学」という知的営みに参加している人たちの共同体、あるいは、著者ヘーゲルと、彼のテクストを読んでいる読者の間の暫定的な共同体と考えられる。「私たち」は、個人の「意識」の内容や構造、あるいは、そこで生じる諸現象について、深く感情移入するのではなくむしろ距離を置きながら、何等かの共有化された尺度に基づいて、心理学的な観察を行おうとしているようである。

無論、ヘーゲルはこの知的な関心を持った「私たち」の「意識」と、観察対象となる個々の「私」の「意識」を完全に切り離して考えているわけではない。ヘーゲルの叙述を見る限り、個々の「私」が他者（＝他の「私」）たちと相互作用しながら、「経験Erfahrung」を積み重ねることによって、いつか「私たち」の視点に到達することが想定されていると思われる。いわば、社会的・歴史的な「経験」の中から、「私たち」の視座が形成されていくのである。

意識の本質をめぐる問題を提起

ヘーゲルにとって「経験」とは、「意識」が個々の対象を知るだけでなく、自らが「知っている」状態をも「知」の対象とすること、言い換えれば、自己反省によって重層化された知を意味する。これは一見、〝私たち〟が日常的に慣れ親しんでいる「経験」とかけ離れた抽象的な定義にも聞こえる。しかしよく考えてみると、「経験」の本質を言い当てている。単に物理的対象を知覚するだけであれば、動物と同じであり、人間に固有の「経験」ではない。何らかの形で知覚したことを意識し、かつ記憶し、その後の行動に活かせるようにするのでなければ「経験」とは言えない。「知 Wissen」という言い方は抽象的に聞こえて少しひっかかるが、第二章で「主／僕」の弁証法に即して見たように、ヘーゲルの言う「知」は、哲学や数学などの学問的な推論や思弁だけではなく、身体知や技術知のようなものや、言語などを介して他者と共有化された「知」も含む。「経験」が生じるのは、あくまで個々の「私」の「意識」の内部においてであるが、身体や他者からの影響が外から加わってくる。後で何かに活用されるのかという点は度外視して、知覚した内容の反省的処理という面にだけ注目すれば、ヘーゲルの定義は適切だ。社会の中で生きる主体たちの「経験」の蓄積によって、「私たち」の視点に――「意識」的なものが対象になる場合でも――一定の確かさが与えられるのである。

> 最初に対象として現れたものが意識にとって、対象についての知へと下降し、それ自体がそれ自体の意識にとっての在り方へと下降する時、この新しい対象と共に新しい意識の形態が登場する。その新しい意識の形態にとっての本質は、以前の意識の形態のそれとは別のものになっているのである。こうした事態の展開こそが、連鎖していく意識の形態の全体を、その必然性に従って導くのである。この必然性そのもの、あ

るいは、自分に何が起こっているのか分からない意識に対して自己を呈示する新しい対象の生成は、いわば意識の背後に控える私たちにしか見て取れないものである。こうして、意識の運動の内に、経験それ自体に直撃されている意識には見えてこない、「それ自体としての在り方」あるいは「私たちにとっての存在」という一つの契機が入り込んでくる。が、私たちにとって生成するものの内容は、それ（意識）にとって存在するのであり、私たちが捉えるのは、その形式的面、あるいはその純粋な生成だけである。ただ、それ（意識）にとっては、生成してきたものは対象としてしか存在しないが、私たちにとっては、同時に、運動や生成としても存在する。

ここで主張されているのは、①「経験」は常に連続的に生じ、対象について知が次の瞬間にはそれ自体知の対象になり、対象の中身は変化し続けるが、現に「経験」しつつある意識（主体）は現に眼の前にある〝対象〟を認識するのに精いっぱいであり、自分の意識の中で何が進行しているのか把握できないこと、②そうした現に進行中の「経験」から距離を取って観察している（ものとして想定される）「私たち」は、〝対象〟の中身がどのように変形し、「経験」がどのように連鎖しているか見て取ることが可能であること――の二点である。「意識」における「経験」をコントロールするセンターが不在であることを示唆する①は、初期プラグマティズムの理論家であるウィリアム・ジェイムズ（一八四二―一九一〇）の「意識の流れ stream of consciousness」や現代思想の時間論に強い影響を与えたアンリ・ベルクソン（一八五九―一九四一）の「持続 la durée」に通じる発想であり、「意識」が対象を構成する作用を客観的に記述する審級を想定する②はフッサールの現象学のそれに似通っているように思われる。「私たちにとって」を、意識の流れのただなかにある主体から分離することを通して、「意識」の本質をめぐる問題を提起したことが、現代の哲学者たちにとってのヘーゲルの魅力なのだろう。

対象と自己の間の（多重化された）関係をめぐる反省的「経験」を積み重ね、次第に知的に豊かになっていく（ように見える）「意識」の中から、哲学的に観察する「私たち」が歴史的に生成してきたのだとすれば、その「私たち」の視点から「意識」の運動を叙述しようとするヘーゲルの試みは、更なる発展の展望を示しているという意味で、生産的な循環構造を示しているように思える。自らも「経験」する意識の産物でありながら、現に「経験」しつつある「意識」の激しい運動に巻き込まれることなく、思弁的に考察を加えることのできる「私たち」が生まれてくることは、意識の「進歩の思弁的必然性 la nécéssité spéculative de la progression」（イポリット）である。

「私たち」の来歴と行く末

「全知の語り手」へのヘーゲルの逆説

しかし、「私たち」が、個々の主体が自らの意識の中で日々経験している範囲を超えて、不特定多数の人の間主観的な経験の産物である「教養」「宗教」「啓蒙」「歴史」について、全体的な概観を与えようとすると、その足場が危うくなってくる。「私たち」の観察・叙述が、これまで歴史の中に生きた全ての主体の経験・観察と一致している保証はないからである。精々、個々の読者との一致しか確認できない。ましてや、「歴史の終わり」に関する予見となると、現実に誰かの意識の中で成された「経験」という範疇からはっきりとはみ出してしまう。そこで、先に見たような、「絶対知」の問題が出て来てしまう。「経験」を超えた「絶対知」の視座を別個に想定しなければならなくなる。そこが、「私たちにとって」を使うことの両刃の剣である。

ヘーゲルのテクストは基本的に、「私たちにとって＝絶対知」という設定で書かれているとすれば、彼の「歴史＝哲学」全体が壮大な形而上学（啓示）だということになる。ただ、歴史をめぐる形而上学的な思弁だからといって、すぐにダメだということにはならない。そういう壮大な形而上学を敢えて描いてみせることで、理性の暴走の危険をアイロニカルに示したのかもしれない。ジジェクはそういう線でヘーゲルを再評価しようとしていると思われる。

現代の文芸批評・テクスト理論では、物語の全てを見通しているかのように、最初からこれから語られる内容全体を踏まえて、あらゆる出来事を細部にわたって論理的に記述する「全知の語り手」を設定することの意味がしばしば話題になるが、ヘーゲルのテクストは、そうした「語り手」の問題を自らのパフォーマンスで提起しているのかもしれない。私たちは、神のごとく「全知」でありながら、私たちが共感し、理解できる言葉で語ってくれる「全知の語り手」が不可能な存在であると知りながら、それを求めてしまう。そういう「語り手」がいないと、安心して物語を楽しめない。哲学書もまた、いや哲学書こそ、そうした「語り手」を必要としているのかもしれない。少なくとも、「私たち」が介在しないと、哲学の体系的な叙述は不可能になる。ヘーゲルは、書物の、特に哲学書の形式的構成に潜むそうした逆説を、身をもって暴き出してくれたのかもしれない。

あるいは、「私たち」は神を装っているのではなく、自らの「経験」が、「絶対知」に向かって進んでいく「精神」の「歴史」の運動を暗示していること、少なくとも、期待していることを率直に語っているだけかもしれない。自らが蓄えてきた「経験」によって過去の歴史の道筋を再構成して、それを想像力によって未来に向かって延長してみた時、ある一つのゴール、すなわち、「私たち」が「絶対知」にアクセスできるようになる地点が見えてくるのだとすれば、その想像のゴールを探究することには社会科学的にも一定の根拠があるだろう。こうした見方をすれば、世界史全体の主役である「精神」をめぐる「始め」と「終わり」の定まった定型化された物語を描いている、というヘーゲル哲学に対するよくある批判を回避することができる。

『精神現象学』が示す循環構造

この見方を敷衍《ふえん》して、『精神現象学』というテクスト全体に適応すると、このテクストの叙述の複雑な循環構造が見えてくる。『精神現象学』に描かれている「歴史」というのは、実は、諸「意識」の共同的な「経験」の歴史的・文化的産物として、自らの将来の方向性をめぐって思弁的理性を駆使する「私たち」という視座が形成されてくるまでの過程の歴史なのかもしれない。その場合、このテクストの焦点になっている「絶対精神」や「絶対知」といった生身の人間の理性的把握を超えた超越論的な概念は、現時点での「私たち」の目から見えた、〝絶対精神〟や〝絶対知〟ということになろう。『精神現象学』の中の「絶対精神」や「絶対知」についての具体的な記述が、全て「私たち」の目から見た

〝絶対精神〟や〝絶対知〟であるとすれば、『精神現象学』は、人間の「意識」が生み出す概念や理想、社会・歴史像、未来へのヴィジョン等の「歴史」を描いた理念・文化史的なテクストであって、歴史の形而上学の書ではなくなる。

ただ、「私たち」は自分（たち）の現在の知や常識の水準の中で、自らの「歴史」にあれこれ思弁するだけでは満足せず、自らの「思弁」の根拠を求め、正当化しようとする。その場合、自らの母体である素朴な「意識」から始まる意識の発展の記録が素材として必要になる。また、「私たち」を構成する個人は、いかに高度な知性を具えていても所詮生身の人間である。自分が直接経験したものを超えて、集団的経験をイメージしようとしても、漠然としたものになり、どうしても偏りが生じる。そこで、数学者や物理学者が、不純な要素を含まない純粋な点や直線、円を思い浮かべ操作することのできる主体、真空の中での物体の運動をイメージすることのできる主体などを想定して、その視座に立った時、見えるであろうものを近似的に再構成するように、仮に「歴史」全体を見通すことのできる「絶対知」の視点があるとすれば、そのまなざしには何が映るかをイメージし、現在の「私たち」の在り方を批判的に捉え直す必要がある――この点は後で見る、ベンヤミン的な「歴史」観と深く関わってくる。それが「絶対知」という視座であり、「絶対知」の目から見た歴史の運動の主体が、「（絶対）精神」である。「私たちにとって」、「絶対知」

は自らが到達しようとしている理想であると同時に、自らの思弁の正しさを吟味するための仮想の視点でもある。

　自己反省を始めていない素朴な「意識」から現在の「私たち」が生まれてくるまでの経緯を（疑似）即物的に描いたうえで、その「私たち」がどのように自己の立場を根拠付けようとするのかについてメタ認識論的考察を行い、更にそれを踏まえて、何をゴールにしようとしているのかを描く、というようなすっきりした構成にしていれば、『精神現象学』はもっと読みやすい、標準的な哲学の教科書になっていたろう。しかし、ヘーゲルは「私たち」が生じてくる過程を記述するに際して、それが「私たちにとって」どう見えるか、（「私たち」が想定する）「絶対知」の視点からどう見えるかというメタ・レベル、メタ・メタ・レベルの問題を提起するので、視点が多重化してどんどん複雑になっていく。分かりやすく書こうというサービス精神がほとんどなかっただけなのかもしれないが、好意的な見方をすれば、「意識」の経験をめぐる哲学的議論は、不可避的に多重の循環構造を示すことにならざるを得ないことを、自らの書きぶりによって誠実に示したのかもしれない。

ガダマーの「地平の融合」

「私たち」自体の歴史的性格に関して、以下のようにポジティヴな見方をすることもできる。「私たち」が、歴史の進展に伴って次第に画一化され、万人が無条件に受け入れざるを得ない固定化したものになっていくのではなく、むしろ、異なったパースペクティヴを持った人々の参入、彼らの視線との交わりによって変化していく、開かれたものだとすれば、多様な価値観やライフスタイルの人が生きる現代社会に適合した社会理論に相応しい視座のようにも思える。現代における哲学的解釈学の方法の確立者で、ヘーゲルのテクストの複雑な構造、相互連関を研究し、統一的な解釈を与えることを試みたことで知られるハンス゠ゲオルク・ガダマー（一九〇〇―二〇〇二）は、異なる文化的生活様式の中でそれぞれの物の見方を培《つちか》ってきた人同士が接触し、対話することで、自らの見方の歴史性を自覚し、他の見方もあり得ることを知るに至ることを「地平の融合 Horizontverschmelzung」と呼ぶ。ガダマーは、テクストの解釈を通しての過去の他者との歴史的対話を主として念頭に置いているが、これは、異なる言語を話し、違った生活感覚を持つ他者たちとの翻訳を介しての対話にも当てはまることである。『精神現象学』や『エンツィクロペディー』の第三部、『歴史哲学講義』などの記述を見る限り、ヘーゲルは、「私たち」あるいは「精神」が、「地平の融合」を通して発展することを前提にしているように見える。

その場合、「私たち」は、人類の知の発展のあるべき方向性を探究する開かれたプロジェクトの主体になるだろう。「民主主義」と「市民社会」を支える「公共的理性public reason」——拙著『いまこそロールズに学べ』（春秋社）等を参照——の重要性を強調するハーバマスやロールズのような熟議民主主義論者（リベラル）と、人間の自由意志の歴史的拘束性を指摘するテイラーやマイケル・サンデル（一九五三— ）のようなコミュニタリアンとの間で展開されているアクチュアルな政治哲学的論議は、意識の経験の産物として生まれてきた「私たち」の本性をめぐって展開されていると言えよう。「私たち」は、相互の文化的差異は残しながらも、道徳や政治の基本原理に関する見方については統合されていくのか、それとも、そこに関しても対立する複数の「私たち」が共存し続けるのか。自らの観察・叙述の立脚点に随所で言及するヘーゲルのスタイルは、「哲学」の立ち位置をめぐる様々な考察を喚起する。

「私たちにとって」の実践

「理性的なもの＝革命の理想」

現に経験しつつある当事者の意識から距離を取って観察・記述している、哲学的な「私たち」は、あまり活動的な印象を与えない。どちらかと言うと、自ら動かないことが役割であるように見える。ところがハーバマスは、『ポスト形而上学の思想』（一九八八）に収められた論文「多数の声部をもった理性の統一」で、「私たちにとって」がむしろ実践的な性質のものであることを示唆している。

自然科学的な現象とは違って、「歴史」は様々な偶然性や不確実性を含んでおり、全体を統一的な視点から見通すことはできない。にもかかわらず、「始まり」と「終わり」が確定しているかのように語ることには無理がある。作用と反作用の連鎖によって、当初の予想とは違う方向に事態が展開していくことを示す弁証法を持ち出しても、歴史が決まったコースを辿っていくかのような記述を正当化することはできない。弁証法の論理はむしろ、歴史の不確定性、少なくとも当事者である人間にとっての予見不可能性を暗示しているように見える。しかし、「歴史」の流れについて語っている「私たち」が、明確な「目的Ende」を持ち、それを「歴史」の「終わりEnde」にすべく活動しているのであれば、多少なりとも話は違ってくる。自然環境による制約とか人間の能力の限界や、「私たち」以外の人間の動向、無意識の作用等、どうしても制御できないものはあるが、政治や法の制度は「私たち」の目的意識に従って構築することも不可能ではない。

マルクス主義等の社会主義の運動は、まさに資本主義社会を解体して、自分たちの理想とする労働者中心の社会の誕生という形で、「歴史」が終わるよう闘争を続けてきた。マルクス主義は、「唯物史観」の「歴史」認識の理論であるだけでなく、「歴史」を「共産主義社会」という「目的＝終わり」へと導くための実践の理論でもある。「絶対知」においては既に明らかだが、地上に生きる人間にはまだ知られていない「歴史の終わり」を予め暗示している『精神現象学』は、歴史の当事者でもある「私たち」が成す（べき）ことを指示していると解することができる。『法哲学要綱』の「序文」には、「理性的なものは現実的であり、現実的なものは理性的である」という有名なフレーズがあるが、マルクスを含むヘーゲル左派が、「理性的なもの＝革命の理想」が現実的になる必然性、もしくはその現実化のために自分たちが参加する責務を示すものとして受け取ったとされている。

キルケゴールとハイデガーの立場

ヘーゲルの観念論的な「歴史」を、真に現実を包摂する「歴史」(唯物史観)へと再統合することを試みたマルクスとは逆に、歴史の弁証法が突きつける、(現実と理想の間の)矛盾を、極めて個人主義的に受け止めるべきことを主張したのが、キルケゴールである。ハーバマス流に表現すると、キルケゴールは、「私にとって Für Mich」という「参加者としての視座 Teilnehmerperspektive」を取っている。その場合の「私」は、客観的な歴史発展の法則を知りたいわけではなく、個人としての実存的ゴールを成就すべく「歴史」に参加しているわけである。自分の生と関わりのない出来事は、「私」にとっては〝歴史〟ではない。

ハーバマスは「参加者の視座」としての「私たちにとって」を、「歴史」に対する適切な見方として無条件に推奨しているわけではない。人間が自らの行為に意味付けしながら、「歴史」を作っていく存在である以上、いくら距離を置いて「歴史」を観察しようとしても、ニュートラルではありえず、「歴史」に対する科学的アプローチが、「自然」に対するそれとは異なってくるのは当然のことである。自然科学も、人間の共同体の営みである以上、参加者としての「私たちにとって」という視座が介入することを回避することはできない。しかし、この立場を無造作に敷衍していくと、「私たち」が現に実践していることを、「私たち」の利益という名目によって正当化したうえで、現にそこで生きている「私たちにとって」の〝客観性〟を付与し、「私たち」と視点を共有できない他者を排除する、偏狭な文脈主義に繋がりかねない。

因みにハイデガーは、『杣径《そまみち》』（一九五〇）に収めた論文「ヘーゲルの経験概念」で、「私たちにとって」の視座を取る「私たち」を、絶対的なもの（絶対精神）の現れを厳粛に待ち受ける決意をしている、「哲学」（＝存在をめぐる根源的思惟）に現に携わっている人たち、という意味にとっている。「存在」それ自体に由来する「絶対的なもの das Absolute」の到来を、身をもってうけとめる準備の出来ていない者には全く関係のない視座だということになる。ハイデガーは、「実践」とはあまり縁がない、政治的センスがない哲学者だと思われがちだが、彼の「真に哲学する私たち」観は、マルクス主義の「真に実践する私たち」観と同質の偏狭さを感じさせる。ハイデガーは、「哲学」あるいは「思考 Denken」を、単なる現実から遊離した抽象的な推論ではなく、人間の実存を方向付ける「実践」と見ているふしがある——ハイデガー哲学の特徴については、拙著『ハイデガー哲学入門』（講談社現代新書）を参照されたい。

ハーバマスのリッター、ローティ批判

ハーバマスは、人間の行為を様々な側面で方向付け、かつ道徳的規範の形成と不可分の関係にある「実践」を、(マルクス主義のように、「実践」の目的を自明視するのではなく)哲学の主要なテーマとして再度浮上させ、「理論」と「実践」を(どちらかを他方に従属させることなく)再統合することに力を入れてきたが、同時に、「実践」において目的を追求する「私たち」の視点が、次第に排他的な自己正当化の論理になっていく危険性を指摘してきた。彼のコミュニケーション的行為の理論は、その葛藤の中から生まれてきたと言ってもいい。

ハーバマスのドイツ国内での主要な論敵は、アリストテレス(前三八四—前三二二)とヘーゲルを繋ぐ形で「実践哲学 praktische Philosophie」の復権を試みたヨアヒム・リッター(一九〇三—七四)とその影響を受けたリッター学派の人たちである——ハイデガーの下で学んだリッターはナチス政権時代にヒトラーに忠誠を誓い、ナチスに入党している。リッターは、ヘーゲルに依拠しながら、「近代」を科学・技術によって旧来の生活秩序と世界像から人々を解放し、市民社会的な自由な関係性を構築するプロセスとして一応ポジティヴに描き出す。その一方で、共同体的な絆が解体され、慣れ親しんだ生活様式から引き離された人々の内面での孤立感が高まっていることを指摘する。実践哲学は人々を内的に動機

付けることができなくなり、抽象的・内的規範を扱う道徳哲学と、外的な法・政治制度の正当性を問題にする政治哲学に分裂した。更に言えば、(学問の領域である)「理論」と(人々の日常的な)「実践」も乖離するようになった。人々に、心理的な「補償 Kompensation」を与え、「理論」と「実践」を架橋するには、(伝統的な)精神科学や芸術による教養や美的感化が不可欠であるというのがリッター学派の議論の骨子である。ハーバマスからしてみれば、そうした議論は、自らの属する文化を無批判的に受容する態度を醸成することになる。特に、ドイツの文脈では、ナチズムを育てた土壌であるナショナルな伝統、政治文化を正当化することにもなりかねない。そうした視点から、ハーバマスはリッター学派を新保守主義と呼ぶ。

ハーバマスの批判は、新保守主義だけでなく、リベラル左派にも及ぶ。ネオ・プラグマティズムの提唱者であるローティは、一九八〇年代半ば以降、政治的にはデューイに代表されるプラグマティズム的左派の立場を取るようになった。マルクス主義や(初期)フランクフルト学派、ポスト構造主義のような外来のラディカルな革命思想によって社会を根底から変えようとするのではなく、アメリカの現状を一歩一歩着実かつ効果的に変革し、平等で民主的な社会にしてきたプラグマティズム的な左派の伝統、理論ではなく「実践」を優位に置く伝統を復活させようとしたわけである。その際に、ロールズの正義論のような普遍性を標榜する理論も、実際には、アメリカの政治文化、アメリカ的な民主主義の実践の特殊性に根ざしており、文字通り普遍的なものではない、と主張するようになった。アメリカの憲法が様々な自由と平等を包摂し、意見の対立を許容する開かれた構造を持ち、それを基礎にして再分配的な正義を正当化するロールズのそれのようなリベラルな平等論が台頭してきたのは、アメリカという国が成立した歴史の偶然による。

「実践」を基礎付ける理論としてプラグマティズムを重視することと、ラディカルな革命思想によるのではなく、市民社会における人々の私的関心と密着した日常的実践の延長で民主主義を活性化しようという構想の二点で、ハーバマスとローティはかなり近いと見られていた。しかし、「アメリカ人である私たちにとって」の「歴史」を特権化する見方をハーバマスは容認できない。無論、ローティは、単なる左翼を装ったナショナリストではない。彼は、「私たち」が自文化中心主義から抜け出せず、いくら「彼ら」の視座を理解しようとしても、「私たち」の視点から〝彼ら〟のそれを再構築しているにすぎないと潔く認めることで、普遍主義の偽善・傲慢に陥ることを回避する戦略を取っている。その点はハーバマスも承知しているが、開き直ってしまったら、「私たちにとって」と「彼らにとって für sie」の間に緊張感を含んだ対話を成立させようとする努力が衰退していく。

ヘーゲルの形而上学化との訣別

そこでハーバマスは改めて、超越論的な視点から「観想」する思弁家とも、「参加者」とも異なる、「コミュニケーション的に行為する諸主体 die kommunikativ handelnden Subjekte」の視座に焦点を当てるべきことを強調する。コミュニケーション的に行為する主体のそれぞれは、統一的な「世界」像を自ら示す必要はない。自らが生きる生活世界（＝主体たちの必ずしも自覚されていない知覚や認識、行為に一貫性を与え、自己理解や他者との相互了解の基盤を提供する、システム化されていない日常的な経験の連続体）での経験を背景としながら、日常的に生じてくる問題の解決のため、他者と了解し合おうとする。自分の置かれている状況を相手も理解できるよう説明したり、共通に受け入れ可能な規範に訴えかけたりする。食い違いがあると気が付けば、自分の周囲の状況を振り返り、お互いの認識や規範意識を変更し、他者たちとの合意形成を目指す。そうしたコミュニケーション的な実践を通して各人の行為の前提になっていると思われる「世界」像が徐々に変化し、より普遍的なものになっていく。具体的な問題に即したコミュニケーションが、結果的に「世界」像の統合に寄与しているのである。

コミュニケーション的行為の主体たちの実践をモデルに考えれば、「私たちにとって」と「彼らにとって」が一挙に収斂せず、緊張が続くことに焦って、「地平の融合」は不可能だと宣言する必要はない。お互いの間に、たとえ相手に歩み寄ろうとする姿勢が見えなくても、暗黙の裡に、誰もが従うべき共通の規範や事実があるはずだという想定に基づいている（と思われる）言葉を中心としたやりとりがある限り、実践的に「世界」が統合されていく可能性はある。分かりやすく友好的・宥和的な態度を示す行為だけが、コミュニケーション的行為ではない。

英語圏で、実践哲学としてのヘーゲル哲学の復権を主導しているロバート・ピピン（一九四八― ）も、「絶対精神」や「絶対知」を実体化せざるを得なくなるような大きな物語として「精神の運動」を理解することは否定し、現に相互に働きかけ合いながら行為している主体たちの視座から、実践的連関として読み解くべきだという立場を取っている。ピピンも「承認」を重視しているが、ホーネットやテイラーの場合のような心理的な安定化や文化的アイデンティティではなく、社会的な行為者としての「地位 status」を認め合うこと、それに基づく個々の行為の正当化に焦点を当てている。簡単に言えば、どういう社会的な立場にあれば、どういう行為をする資格があるか、ということだ。ピピンの描く「ヘーゲルの実践哲学」で重要なのは、「承認」がスムーズに一貫した形で行われることを可能にする「制度 institution」である。大雑把に言うと、共同体主義的な承認論と、ブランダムのあまりにプラグマティカルに軽くなった承認論の中間を行っているように思われる。また、コミュニケーションによる文化的な文脈の乗り越えを示唆するハーバマスに比べると、行為者の視座の変化にそれほど大きな期待を寄せていないように見える。

いずれにしても、現代のヘーゲル読解では、「私たち」を「絶対知」の高みに近付けるよりも、行為者たちの具体的な日常的な実践の次元に定着させようとする、つまり、地に足をつかせようとする傾向が強まっているように思われる。早急に「終わり」を見通そうとして、ヘーゲルを実物以上に形而上学化してしまった、過去の悪しき傾向と訣別しようとしているのだろう。

観察者と行為者

アーレントとヘーゲルの歴史観

「私たち」が「歴史」の中の「行為者」か、外から冷静に見る「観察者」か、という問題に関してハンナ・アーレント（一九〇六―七五）も興味深い問題を提起している――アーレントの思想全体の概要については前掲の『今こそアーレントを読み直す』などを参照されたい。この問題は彼女自身の「人間」観と深く関係している。

アーレントは主著『人間の条件』（一九五八）で、古代ギリシアのポリスで成立した「人間」という概念を構成する主要な条件として、①労働（labor）②仕事（work）③活動（action）――の三つを挙げている。彼女の言う「労働」は、通常の意味の「労働」とは違って、生命を維持するための身体的な営みを指す。「仕事」は、テーブルや椅子などの家具や芸術作品など、人間同士を結び付け、関係性を規定する「物」を制作する営みである。「活動」とは、言語による説得や演技（action）によって相手の精神に働きかけ、合意を得ようとする営みである。「労働」が他の生物とも共通しているのに対し、「活動」こそが人間を人間たらしめている最も重要な条件と考えられた。「活動」によってポリスに生きる市民たちは言語的表現能力を鍛えられた。また、自由な討議を通して、他者の異なった意見を知ることで、市民たちの物の見方が多元化した（＝複数性）。それと連動して、公的領域において、対等で自由な市民たちによる「政治」が発展した。ただし、市民たちの生活の物質面は奴隷や女性など市民権を持たない人の「労働」や「仕事」に支えられていた――市民の自由な「活動」が、奴隷の「労働」に支えられているという図式は、ヘーゲルの「主／僕」の弁証法に対応していると見ることができる。

アリストテレスは、そうした「政治的（活動的）生活 bios politikos（vita activa）」とは別に、哲学者に見られる「観想的生活 bios theoretikos（vita contemplativa）」を想定し、これこそが市民としての最高の生活形態としたが、これは市民全般に共通の態度ではないので、アーレントは、これは例外的なものと見なし、『人間の条件』の中では本格的に論じていない。

アーレントは、このポリスで確立した「活動」中心の「人間」観が、古代世界の終焉と共に次第に変質していき、人間が他者とのコミュニケーションよりも、物を生産することに精を出す工作人に、そして生命を維持するためにひたすら労働する生物へと頽落《たいらく》していった過程を描き出している――近代においては、奴隷が存在せず、ほとんどの人が生活のために働かなければならないので、そうなってしまうのは不可避である。『人間の条件』と同じ年に公刊され、後に『過去と未来の間』（一九六一初版、一九六八改訂版）に収められた論文「歴史の概念」では、そのことがヘーゲルの歴史哲学に見られる近代的な「歴史」観と結び付けて論じられている。科学・技術の発達に伴って、人間が住む「世界」が大きく変化するようになると、人々は道具や芸術作品、建造物だけでなく、自分たちは「世界」をも制作しているという意識を持つようになった。その意識は更に、「歴史」のコースをも自ら作り出しているという意識に変容していった。

ヴィーコとヘーゲルは「歴史家兼哲学者」

「歴史」を〝作る〟という意識が生じるのは、主として〝政治〟の場においてであるが、アーレントに言わせれば、近代の〝政治〟では、「活動」によってお互いの関心やパースペクティヴを多元化し、人間性を豊かにしていくという契機が希薄になった。代わって、各人の既定の利益を追求するために、他人と争ったり、同盟したり、妥協したりする場、あるいは、そうやって形成された共通の利益を確実にするために権力を行使することが〝政治〟と見なされるようになった。そうなると、社会や国家は自分たちの思い通りに作ることが〝政治〟の「目的」であり、〝歴史〟はその実現の過程ということになる。そういう意味で「歴史を作る」という発想をした典型がマルクスだ。アーレントに言わせれば、マルクスは「歴史を作ること the making of history」と「活動 action」を誤って同一視してしまったのである。つまり、「歴史を作る」プロジェクトに参加することによって、人々が失われた自由を再び獲得できると錯覚してしまったのである。

近代の「歴史」概念を確立したとされるのは、イタリアの反デカルト主義の哲学者ジャンバッティスタ・ヴィーコ（一六六八―一七四四）とヘーゲルである。ヴィーコは、人間たちの集合的な行為から生成する領域としての「歴史」に対しては、「自然」に対するのとは異なるアプローチが必要だとして、神話、伝説、芸術作品など、過去の人々の言語活動の記録を研究することの意義を説いた。ヴィーコやヘーゲルにとって、人々の行為の帰結から「歴史」は生成するのは確かだが、「歴史」は、特定の傑出した主体たちが計画的に特定の方向に進めていけるようなもの、人間の生産物ではなかった。従って、「歴史を作る」ことは不可能だ。

彼らの考えた真理とは、歴史家の観想的で、後ろ向きのまなざしに開示されるものであり、過程を全体として見ることのできる立場にある歴史家こそが、行為＝活動する人々(acting men)の「狭い目的」を度外視し、彼らの背後で自らを実現してゆく「より高次の目的」に集中することができるのだ(ヴィーコ)。一方マルクスは、歴史という概念を近代初期におけるホッブズらの目的論的な政治哲学と結び付けた。そのためマルクスの思想においては、「より高次の目的」――歴史哲学者に従えば、歴史家であり哲学者たる者の後ろ向きのまなざしにのみ露わになる目的――は、政治的行為＝活動の意図された目的となり得たのである。

ここでアーレントが〈actor〉と呼んでいるのは、古代ギリシアの市民のように、物質的な利害から完全に解放されて自由に活動できる人間というより、近代の市民社会の中で経済的利益を追求しながら同時に、(利益配分的な意味合いの強い)〝政治〟にも関与する、近代市民社会の市民、ヘーゲルあるいはハーバマスが想定しているような市民だろう。ヴィーコやヘーゲルは、「歴史家兼哲学者」としての「私たち」の視座で、これまでの歴史の流れを「観想的」に、つまりそこから距離を置いて哲学的に考察しながら振り返ることで、それぞれ自らの限定された「目的」――経済的な利益や社会的評価、日常的関心事など――を追求している個々の当事者たちに見えてはこない、歴史自体の目的である「高次の目的 higher aims」をじっくり見据えようとした。自らが「歴史」を「制作」できるなどという僭越な考えは抱いていなかった。『法哲学要綱』の「序文」の末尾近くに出てくる「ミネルヴァの梟は黄昏がやって来る頃にようやく飛び立つ」というフレーズは、そうしたヘーゲルの基本的スタンスを示している。

「技術者」の視点を持った「歴史家」マルクス

それに対して、ホッブズに倣って〝政治〟を、意図的に活動＝行為する人々の「目的」実現の営みと見るマルクスは、「歴史」をそのプロセスと見るようになったのである。では、マルクスは、「歴史家」の視点を欠いていたかというと、必ずしもそうではない。彼が「唯物史観」を構想し得たのは、「歴史家」としてのまなざしを持ち、社会の中で現に自らの目的を追求することに躍起になっている当事者たちには見えないものを可視化しようとしたからである。マルクスは、資本家や労働者の行動を分析して、そこから「歴史」

のコースを導き出したわけではない。ただ、それは「後ろ向き」のまなざしに集中する「歴史家」ではなく、「技術者 craftsman」の視点を持った「歴史家」である。

アーレントによると、プラトン（前四二七—前三四七）は、「イデア（理念）」を、造物主（デミウルゴス）が諸事物を制作するために用いた「モデル」のようなものとして記述していた。（プラトン的な意味での）「哲学者」による「イデア」を見る（観想する）試みは、その「モデル」の本質を見極め、それに従って、世界を正確に捉え直すと共に、人為的に作られる政治や道徳の諸制度を最善の形にもたらすことを「目的」としていた。マルクスは、そうした「技術者」的な視点をも、伝統的な哲学から継承していたのである。

マルクスはそれまで来世に位置づけられていた楽園を地上に建設しようとしたとしばしば言われるが、歴史家のまなざしと、技術者のまなざしとが結び付いたことの危険性は、それまで超越的であったものを内在的なものに変化させた点にあったわけではない。知られていない、かつ、知ることができない「高次の目的」を計画され意志される意図へと変換することが危険なのは、それによって意味および有意味性が目的＝終わり（ends）へと変換されてしまうからである。こうした目的への変換は、歴史全体のヘーゲル的な意味——自由の理念が次第に展開し、現実化されてゆくこと——

を、マルクスが人間の行為の目的として捉え、更に、伝統に従って、この究極「目的」を生産過程の最終生産物と見なしたときに生じたのである。

プラトンの「イデア＝モデル」論、ホッブズの目的論的人間観、ヘーゲルの「歴史家兼哲学者（兼技術者？）」のまなざしがマルクスの中で合成され、人類の最終目的を実現するための歴史の「プログラム」に変換されたわけである。マルクスによって、共産主義社会の実現は、工作人の集合体である人類にとって動かしがたい「目的」であり、「哲学者兼歴史家」の任務は、そこに最も迅速に辿りつく経路を算出することにあったのである。マルクスにとって、政治における「活動」や「実践」は、決まった「目的＝終わり」を実現するための工作でしかなかったのである。

「注視者」か「行為（参加）者」か

アーレントが一九七〇年代に行った講義を、彼女の死後刊行したものである『カント政治哲学講義録』（一九八二）では、カントが『永遠の平和のために』（一七九五）、『諸学部の争い』（一七九八）等、晩年の政治哲学的著作で呈示した、革命的な熱狂の中で人々が成したことを、距離を置いて見つめる「注視者 spectator」のまなざしの重要性が強調されている。アーレントが「注視者」を重視するのは、人々が自らの「狭い目的」の追求に没頭し、「歴史家」や「哲学者」さえも、究極「目的」を目指す「制作者」のまなざしを持つようになった近代においては、古代のポリスのように、活動＝演技者（actor）相互の働きかけを通して、「世界」に対する見方を多元化し、関係性を絶えず再編することが困難になったからであろう。複数化された世界の中で、各自が時間をかけて――恐らく自分では、自分がどういう存在者かはっきり分からないまま、生涯をかけて――自らの生の意味を見出すのではなく、決まった「目的」を追求することこそが生の意味だと思われているような社会は、分かりやすい「目的」を与えてくれるイデオロギーに、人々は飛びつきやすい。そこに全体主義の危険がある。強力な「目的」志向を相対化するために、「注視者」のまなざしが必要ということだろう。

アーレントは、歴史の流れを傍から見る「注視者」のまなざしを保持しようとしていた点で、カントとヘーゲルの双方を評価している。しかし、カントの歴史哲学が「人類」を主人公にしており、世界史の「終わり」がオープンになっているのに対し、「絶対精神」を主人公とし、「終わり＝目的」が想定されているヘーゲルのそれに対しては、若干の警戒を示している。その懸念はある程度当たっているが、これまで見てきたように、ヘーゲルの「絶対精神」を、神のごとき形而上学的存在として実体的に解釈するのではなく、人々の集合的意識、あるいはその願望や思弁の社会的現れと見ることも可能である。「歴史の終わり＝目的」を実体的に描いたのは、コジェーヴであって、ヘーゲル自身の記述は、目的論的な性格かどうか曖昧である。

アーレントやハーバマスが提起する、「歴史」を語るのにふさわしいのは、「注視者」か「行為（参加）者」かという問題は、ヘーゲルの歴史哲学をどう読むかという問題と密接に関わっている。

歴史の廃墟へのまなざし

ヘーゲル＝マルクス系歴史哲学への非難

第三章でアドルノの議論に即して見たように、ヘーゲルの「歴史哲学」は敗北者や弱者の存在を抹消するように見えて、（ジジェクなどのラカン派を除く）ポストモダン左派の間では評判が悪い。むしろ、人々を普遍性の幻想に縛り付ける「大きな物語」として解体されるべき最大のターゲットと見なされてきた。こうした非難は、単なる濡れ衣とは言い切れない。『歴史哲学講義』でヘーゲルは、国家の人倫的な生活においてのみ「自由」が実現するとしたうえで、「世界史では、国家を形成する民族だけが話題になり得る」と明言している。これは、自前の「国家」を建設することができなかった少数民族は消滅するしかない、と言っているように見える。冷戦崩壊後、ヘーゲルのこのフレーズは、エンゲルス（一八二〇—九五）の、ドイツ＋オーストリアとロシアの間に挟まれた中・東欧の諸民族を念頭に置いたとされる「歴史なき民族 geschichtslosen Völker」という言葉と共に、ソ連の少数民族抑圧政策と結び付けてしばしば引用された。ヘーゲル＝マルクス系の歴史哲学は、少数民族など、政治的弱者に対して冷酷だというイメージが広がった。

ただ、ヘーゲルの歴史哲学が歴史の発展法則の普遍性を強く打ち出している分だけ、その論理を微調整して反転させれば、〝普遍性を装う物語〟を批判する武器にもなり得る。その最も鮮やかな例が、アドルノやアーレントと思想的に深く交流し、ジャン・ボードリヤール（一九二九—二〇〇七）の消費記号論やデリダの暴力論に強い影響を与えた、ドイツの文芸批評家ヴァルター・ベンヤミン（一八九二—一九四〇）の仕事である——ベンヤミンについては、拙著『ヴァルター・ベンヤミン』（作品社）を参照されたい。

演劇、文芸、写真、都市表象……と多岐にわたるベンヤミンの一連の仕事の軸に、単純な進歩史観へと平板化された〝唯物史観〟に代わって、真の「史的唯物論 historischer Materialismus」の方法を確立するということがある。「歴史」の特定の方向への発展を最初から前提にするのではなく、歴史の経過の痕跡を留めているように思われる各種の「素材Material」を細かく観察し、そこに刻み込まれた当事者たちの葛藤を解読しようとする。ベンヤミンは、人間の歴史は、猛威を奮う「自然」を征服し、それを自分たちの「目的」のために利用することに成功してきた連続的プロセスではなく、むしろ、「自然」からの疎外を克服し、主体（精神としての私）／客体（物質的な環境と身体）の一体性を回復しようとしては挫折を繰り返してきた（断絶を多々含む）物語だと考える。その痕跡を、歴史の残骸、その意義が忘れ去られていくように見える、各種の「素材」から記号論的に読み取ろうとする。

そうした彼の「史的唯物論」の「歴史家」としてのまなざしについて明瞭に語られているのが、絶筆となった論文『歴史の概念について』（一九四〇）である。一八のテーゼと二つの付録から成るこの論文では、史的唯物論の歴史家は、勝者によって語り伝えられてきた現在の〝歴史〟によって抑圧されてきた過去の記憶を掘り起こすことを自らの使命とする、ということが繰り返し強調される。第七テーゼでは、「観察者 Betrachter」としての「歴史記述者」の目から見るならば、「文化財 Kulturgüter」と呼ばれているものは、勝利者たちの略奪品であり、野蛮のドキュメントとして読むことができる、という今日のポストコロニアル・スタディーズの視点に通じる見方を示している。

ベンヤミン的、屑拾い的な歴史家像

そうした議論を受けて、第九テーゼでは、歴史に距離を置く「観察者」のイメージとして、「天使」が描かれている。そのイメージを彼は、パウル・クレー（一八七九―一九四〇）の「新しい天使 Angelus Novus」（一九二〇）と題された水彩画から得ている。この絵は、天使をモチーフとするクレーの一連の作品群の比較的初期に属するもので、ベンヤミンが個人的に購入して所持していたものである。ベンヤミンの描写によると、天使は、何かを凝視しているが、その何かから遠ざかりつつあるように見える。彼の目は大きく開かれ、口は開き、翼を広げている。彼はこの天使を「歴史の天使 Engel der Geschichte」と見なして、その目に映る情景を象徴的にイメージ化する。

彼は顔を過去に向けている。私たちに出来事の連鎖が現れてくるところで、彼は一つの破局のみを見る。破局は、廃墟の上に廃墟を絶え間なく積み重ね、彼の足下まで跳ね飛ばすのだ。恐らく彼はそこに滞留し、死者たちを目覚めさせ、破壊されたものを組み立て直したいのだろう。しかし楽園から吹き寄せる嵐が彼の翼に絡みつき、あまりにも強力なので、彼はもう翼を閉じられない。嵐は天使を、彼が背を向けている未来の方へ、止めようのない勢いで運んでいく。その一方彼の眼前の廃墟の山は、天に届くまで高くなる。私たちが進歩と呼ぶのは、この嵐なのだ。

「歴史の天使」が、ヘーゲル的な観察者である「私たち」と対置されていると見るのはあながち不当ではなかろう。歴史の勝者（＝歴史に自分の名前を刻み込むことに成功した者たち）に無自覚的に感情移入し、歴史上の一連の出来事が「進歩」という連続体を形成しているという前提に立つ「私たち」に対して、「天使」は過去の廃墟に眼を向ける。「史的唯物論」の歴史家の具体的な所作に引きつけて言えば、滅びた文明や文化の遺物、歴史の記録では脇役として少し言及されるだけの反逆者とか社会不適合者、弱者の痕跡を、〃進歩〃を証拠付けているように見える圧倒的多数の記録の狭間・片隅に見出し、放っておけばなかったことにされる彼らの生を再現しようと努力するということだろう。

しかし、「天使」自身も、「進歩」の嵐をまともに受けているので、その努力にも限りがある。具体的には、歴史の屑拾いをやる人――ベンヤミンは都市表象分析の仕事でしばしば「屑拾い Lumpensammler」に言及する――にも、自分の日々の生活があるし、収集のための手段や方法において普通の歴史家に比べて圧倒的に不利であり、かつ、その乏しい成果を〃進歩の歴史〃に慣れた人たちにきちんと伝えるのが困難ということだろう。地に足がついていない、つけることができないということが、天使＝歴史の屑拾いの弱みであると同時に強みにもなっているのである。「私たち」も「天使」も対象に対して距離を取るが、「歴史家兼哲学者」としての身分を（勝利者によって運用される政治制度によって）保証されている「私たち」がある程度余裕をもった態度で距離を取っているのに対して、「天使」は「嵐」の風力に押されて、否応なく地上（の利害関係）との間に距離が生じているのである。

歴史の発展に伴って次第に強い地盤を獲得していくヘーゲルの「歴史家」との違いを強調するかのように、敢えて不安定なままに留まろうとするベンヤミン的、屑拾い的な「歴史家」像を打ち出すことは、ポスト構造主義を通過した歴史・文化研究の一つの定石となっている。植民地時代のインドの女性や貧農の声をどのようにして聞き、解釈すべきなのかという問題を提起したガヤトリ・スピヴァク（一九四二―　）の試みも、そうした反ヘーゲル的な歴史の屑拾いの仕事と見ることができよう。

ファノンの「主／僕」の弁証法への言及

ポストコロニアル系の研究には、ヘーゲルを批判的にであれ肯定的にであれ直接参照するものもある。フランス領マルティニークに黒人として生まれ、フランスの植民地支配下にあったアルジェリアで精神科医として勤務しながら、植民地文化の精神病理的問題を論じたフランツ・ファノン（一九二五―六一）は、デビュー作となった『黒い皮膚、白い仮面』（一九五二）で、「主／僕」の弁証法に言及している。

ファノンの理解によると、人間が自己自身について確信を得るには、他者の「承認」が必要である。しかし、一方的に〝承認〟を与えてもらったのでは、本当の意味での自己確信は得られない。「生死を賭けた闘争」による「承認」でなくてはならない。ヘーゲルは、「自らの生死を賭けなかった個人は人格として承認されることはできる。しかしその個人は、自立した自己意識として承認された状態になる、という真理に到達してはいない」、と述べている。ファノンは、白人によって形式的に市民としての対等のステータスを認められた、旧植民地の人々が現に置かれている状態こそが、まさにそれに当たると分析する。白人は、本当に彼らを対等な人間と認めたわけではなく、自分たちの経済的な都合から〝解放〟してやり、保護者然とした態度を取っているにすぎない。

ファノンは、真の相互承認を達成するには、お情けで与えられた地位に生死を賭けた闘争が必要であると主張する。それは、この著作が刊行された当時、植民地状態にあったアフリカやインドシナ、カリブ海のフランス領に生きる人々に対する解放闘争への呼びかけでもあった。

〝ヘーゲルが書けなかったこと〟

アドルノやベンヤミンなどフランクフルト学派の研究に取り組んできた、アメリカの政治哲学者スーザン・バック＝モースは、『ヘーゲルとハイチ』(二〇〇九)で、「主／僕」の弁証法についてヘーゲルが敢えて〝語らなかったこと〟に注目して、ヘーゲルを当時の世界史に結び付けて論じている。フランス革命当時、フランスの植民地であったハイチでは、人権宣言の影響を受けた黒人奴隷による反乱が起こり、一八〇四年に史上初の黒人を中心とした共和国の樹立が宣言された。このことは当時のヨーロッパの知識人たちに大きな衝撃を与えた。ヘーゲルも、当時購読していた雑誌からこの革命の経緯をかなり知っていたはずである。バック＝モースは、『精神現象学』で「主／僕」の関係を記述するに際して、直近に起こった「奴隷(僕)」と「主」の力関係の逆転を念頭に置かなかったはずはない、と推理する。

多くのヘーゲル研究者は、ヘーゲルはハイチの問題になど関心がなかったので、直接言及しなかったまでだ、ということを暗黙の前提にしているが、バック＝モースに言わせれば、それは研究者自身の偏見である。実際、『法哲学要綱』の二四六〜二四八節にかけて、市民社会が自らの経済活動の限界を突破するために、海外進出し、植民地を建設するようになることを話題にし、それを自らの人倫の体系の中に位置付けている。

二四七節では、海外との取引が拡大することで、市民生活が流動化し、遠く隔たった国々の間の契約を中心に法的関係が形成されつつあることを、教養＝文化形成（Bildung）の最大の手段だとして肯定的に評価している。二四八節は、西欧諸国の植民（Kolonisation）を話題にしている。古代ギリシアのポリスが行った組織的植民と違って、ドイツ諸邦からの移民は本国と連絡がなく、本国に利益をもたらしていないことを指摘している。これは一見、一九世紀の後半に展開されたような、本国の管理の下での植民地政策を推奨しているように見えるが、その一方で、英国やスペインの植民地で独立戦争が起こり、植民地解放（Befreiung der Kolonien）と奴隷解放（Freilassung der Sklaven）が達成されたことに言及し、二つの解放は祖国及び奴隷所有者にとって最大の利益になる、と明言している。周知のように英国領の北米の十三の植民地が独立宣言を出したのは、一七七六年のことである。スペイン領のラテン・アメリカでは、一八一〇年頃から現地生まれの白人を中心にした独立戦争が起こり、『法哲学要綱』が刊行される頃には、ヴェネズエラ、アルゼンチン、チリ、パラグアイ、コロンビア、メキシコなどが独立を宣言し、勝ち取っている。

また、『歴史哲学講義』では、「序論」の終わりの方で「アフリカ」に触れている。サハラ砂漠以南の本来の「アフリカ」は、「世界史」に属さない地域という位置付けで、本来の歴史が始まった東洋世界との対比のために引き合いに出されているにすぎない。それでも、国家体制、宗教、奴隷制などについてある程度まとまった記述があり、アシャンティ王国（ガーナ）、ダオメー王国（ベナン）などの黒人国家が言及され、その特徴が述べられている。

こうした関心の広がりからすると、ヘーゲルが、アフリカから奴隷として連れてこられた黒人たちによるハイチ革命や、黒人の間に生まれた新しい宗教であり、革命の原動力でもあったブードゥー教のことに言及しないのは、確かに不自然である。ヘーゲルの構想していた「世界史」の枠に収まらないどころか、精神の発展法則に対してあまりに異質なので、「歴史の始まる前」とか、「歴史の欄外」という形で言及することさえ躊躇したのかもしれない、と思えてくる。そうした〝ヘーゲルの書けなかったこと〟を、メインストリームから取り残された歴史の断片から読み取ることのできる、「歴史の天使」の出番かもしれない。ヘーゲルの「歴史＝哲学」は極めて体系的に展開されており、現代人もなかなか脱却できない「進歩」の神話と深い所で結び付いているので、簡単に否定しさることはできない。だからこそ、ベンヤミンやリオタールのような、反ヘーゲルの先鋭化された思考を喚起し、哲学的な諸論争の焦点であり続けているのである。

あとがきに代えて――「理由」が喪失する時

ヘーゲルの現代思想における位置

講談社現代新書編集チームの岡部ひとみ氏に、「ヘーゲルの現代的意義について書きませんか」、と誘われたので、それを「ヘーゲルの現代思想（哲学）における意義」と解釈させてもらって、本書を構想した。普段、個別思想家の「入門書」を書くことが多いので、偶《たま》には、典型的な入門書ではないものを書いてみたいという漠然とした欲求もあったのだが、実際、分析哲学や政治哲学、ポスト構造主義などのアクチュアルな議論でヘーゲルの名をしばしば見かけるようになった気がしていた。ヘーゲルの現代思想における位置付けを考えるいい機会だと思ったので、個人的に関心を持っていたテーマを、できるだけ相互に関連付けながら整理してみた。

本文を読んで頂ければ分かるが、相互にあまり接点がないと思われている分析哲学、フランクフルト学派、ラカン派精神分析、ポスト構造主義系の言説分析、ジェンダー研究、ポストコロニアル研究が、ヘーゲルの「歴史」概念と「承認」概念を介して、意外と深い所で繋がっていることが確認できた。それは私個人にとっても収穫だった。「欲望」というテーマをめぐるニーチェ、バタイユ、ラカン、ドゥルーズ、ガタリ、ジジェク等との関係やハイデガーが『存在と時間』で示したヘーゲルの時間論の解釈も気になるところだが、そうした方面にまで手を出すと大幅に枚数が増えて、まとまりも悪くなりそうだし、ヘーゲル自身のテクストから更に遠い所に進んで行かざるを得ないので、今回は断念した。いずれ別の機会に論じたいと思う。

本書を書き進めていく過程で、最近の日本国内の主要なヘーゲル研究の文献に当たってみたが、そうした文献のいくつかから、その著者と個人的にお近づきになりたくない、偏屈なものを強烈に感じた。専門的なテーマの哲学書は多かれ少なかれ偏屈で独善的で、傲慢な雰囲気を漂わせているものである――これまでいくつかの拙著のあとがきで、その種のことを書いてきた。ただ〝ヘーゲル研究者〟のそれはかなり独特である。

次第に分かってきたことだが、どうも、〝彼ら〟には、ごく狭い研究サークルの中でしか通用していないヘーゲル読解の〝常識〟を、自明の理のように見なし、いきなり持ち出してくる傾向があるようだ。そして、その〝常識〟を受け入れない者を、分かっていない奴とか基礎ができていない奴と罵るのはまあいいとして、ヘーゲルを歪め、ヘーゲル哲学の豊かな成果を隠蔽してしまおうとする、破廉恥な輩として、政治的な意味合いを込めて攻撃することさえある。〝ヘーゲル業界〟が一枚岩になっているのであれば、〝彼ら〟の〝常識〟を一応受け入れるなり、批判するなり、やんわりと回避するなり、それなりに手の打ちようがあるのだが、〝彼ら〟はかなり小さいグループに分散しているようなので、誰に照準をあてていいのか分からない。どこから弾が飛んでくるか分からない。昔の左翼のセクトみたいである――実際、安保・全共闘世代に属する年輩のヘーゲル研究者には、(元)左翼が多い。

サークルや業界が大きい小さいにかかわらず、哲学者が自分たちの〝常識〟を墨守することが〝正義〟であるかのように思い込むのは、本末転倒した話であるが、ヘーゲルのように「理性」の普遍性を強く打ち出した、最も近代的な哲学者の〝信奉者〟たちの偏狭さは目立ってしまう。ハイデガーやアーレントの研究者、マルクス主義者、科学哲学研究者、生命倫理学者、フェミニストなどの偏狭さであれば、さもありなんと思える――本人たちは全然そう思っていないだろうが。お友達の〝常識〟を、万人が受け入れるべき常識であるかのように勘違いするのであれば、夜郎自大の田舎者や、ネット上の暇人サークルと大差ない。

「理由の空間」論をめぐる議論

少し真面目な話に戻すと、クワイン、デヴィドソン、セラーズ、ローティ、マクダウェル、ブランダムなど、分析哲学系であるにもかかわらずヘーゲルと親和性があると見られている哲学者たちは、人間の行動を支配する原理として物理的因果関係に単純に還元できない、「理由 reason」のネットワークの存在を問題にする。簡単に言うと、生物学的な反応というだけでは説明できない、人間に固有の行為は、何らかの形で他者を念頭に置いており、各行為主体は、他者に対して説明できる「理由」を――その「理由」が現実化するかどうかは別として――求めている、ということである。

こうした「理由の空間」論をめぐる議論は、ロールズやハーバマスの熟議民主主義論の中核にある「公共的理由＝理性 public reason」論にも通じている。「公共的理由」とは、公共的な場での議論において、どのような特殊な宗教や世界観を奉じる集団も無視できない、少なくともきちんと反論しないといけないと思わせる、一般的に通用している「理由」であり、「公共的理性」はそれを理解し、自ら使用する能力である。本文中でも述べたように、ハーバマスのコミュニケーション的行為の理論は、人間は「理由」をやりとりし、合意しようとする存在であるという前提に立っている。その「理由」の形式と中身、そして人々がそれを運用する能力が次第に、より普遍的なものへと進化していくと主張する点で、彼はソフトなヘーゲル主義者である。現代のヘーゲル主義者の多くは、ハーバマスやブランダムの議論を全面的に受け入れないまでも、ヘーゲルの言う「精神」の自己展開を、「理由の空間」の歴史的な発展過程と解する見方は受け入れることだろう。

人間は、「理由」をやりとりする生き物であり、どんな相手とも話し合いの可能性はある、という人間観は魅力的である。そう思うと、安心する。しかし、現実を見ると、その安心感はすぐに揺らぐ。自分の〝理由〟を一方的にまくし立て、他人の〝理由〟は一切耳に入って来ない、都合のよい頭の作りになっている、頑迷固陋で、悪しき権威主義の塊のような老哲学者とその信奉者、まるでそのコピーのようなネット上の数々の●●クラスター。

金沢大学の（機械工学の最適化研究のパイオニアであったはずの）学長と（分析哲学を専門としているはずの）教育担当理事は、学生の将来の職業におけるニーズ、教育上の効果、各専門分野の実情など一切調べることなく、自分たちが直観的にいいと思った方針を、「金沢大学超然○○プロジェクト」「金沢大学グローバル△△」と名付けて、否応なく実行させようとする。教員などから上がってくる反論（理由）は一切、理解しないか、聞き流す。それどころか、自分自身の以前の発言（理由）も忘れてしまって、矛盾（反対する理由）を指摘されても、一切反応しない。彼らは、ヘーゲルが想定できなかった「動物」か？　私の属している法学類の会議では、法学や政治学を専門とする教員たちが、学長たちが口にしている諸理由が失当であることを立証するための論理を——本人たちがいないところで——展開する。学長や理事たちを、法的理由で拘束することができるかのように。私も二年くらい前までは、それに何となく参加していたが、最近では、そんなのは陰陽道の呪文で魔物の行動を縛ろうとするようなものだという気がして、シラケてきた——法学者が愛する〝理由〟は、法学の権威を信じる人の間では結構神通力を発揮する呪文である。金沢のようなマス・メディアに注目されることの少ない田舎の大学では、学長、理事、医学類教授のような権力者たちは、どれだけ矛盾に満ち、飛躍した放言をしても、ダメージを受けない——彼らが、〝理由〟に対してかなり鈍いおかげで、私は平気でこういうことを書けるわけだが。

そういう現実が嫌になる一方で、国会審議や記者会見等で首相や閣僚、高級官僚、地方の首長などが問いつめられて、何とか〝答え〟ようと頑張っているシーンをＴＶや動画で見ると、人間は内実はともかく、やはり「理由」に拘る存在なのかな、という気もしてくる。かなり鉄面皮なキャラでも、公共の場で「理由」を求められ、その意味が理解できてしまうと、落ち着かなくなる。先に挙げた傲慢な老害教授や非常識な〝常識〟を振り回すツイッタラー、うちの学長や理事たちも、無自覚的に〝理由〟から逃げているのかもしれない。そう思うと、多少気が晴れる。もしかするとヘーゲルも、普遍的「理性」を発見したのではなく、普遍的「理性」に頼りたくなり、それを求めざるを得ない「私たち」を発見してしまったのかもしれない。

二〇一八年八月十六日

何となく憂鬱な金沢大学角間キャンパスにて

仲正昌樹

N.D.C. 134.4　254p　18cm
ISBN978-4-06-513075-9

講談社現代新書　2497

ヘーゲルを越《こ》えるヘーゲル

二〇一八年一〇月二〇日第一刷発行

著者　仲《なか》正《まさ》昌《まさ》樹《き》

発行者　渡瀬昌彦
発行所　株式会社講談社
東京都文京区音羽二丁目一二―二一　郵便番号一一二―八〇〇一
電話　〇三―五三九五―三五二一　編集（現代新書）
〇三―五三九五―四四一五　販売
〇三―五三九五―三六一五　業務
装幀者　中島英樹
印刷所　凸版印刷株式会社
製本所　株式会社国宝社
定価はカバーに表示してあります　Printed in Japan

「講談社現代新書」の刊行にあたって

教養は万人が身をもって養い創造すべきものであって、一部の専門家の占有物として、ただ一方的に人々の手もとに配布され伝達されうるものではありません。

しかし、不幸にしてわが国の現状では、教養の重要な養いとなるべき書物は、ほとんど講壇からの天下りや単なる解説に終始し、知識技術を真剣に希求する青少年・学生・一般民衆の根本的な疑問や興味は、けっして十分に答えられ、解きほぐされ、手引きされることがありません。万人の内奥から発した真正の教養への芽ばえが、こうして放置され、むなしく滅びさる運命にゆだねられているのです。

このことは、中・高校だけで教育をおわる人々の成長をはばんでいるだけでなく、大学に進んだり、インテリと目されたりする人々の精神力の健康さえもむしばみ、わが国の文化の実質をまことに脆弱なものにしています。単なる博識以上の根強い思索力・判断力、および確かな技術にささえられた教養を必要とする日本の将来にとって、これは真剣に憂慮されなければならない事態であるといわなければなりません。

わたしたちの「講談社現代新書」は、この事態の克服を意図して計画されたものです。これによってわたしたちは、講壇からの天下りでもなく、単なる解説書でもない、もっぱら万人の魂に生ずる初発的かつ根本的な問題をとらえ、掘り起こし、手引きし、しかも最新の知識への展望を万人に確立させる書物を、新しく世の中に送り出したいと念願しています。

わたしたちは、創業以来民衆を対象とする啓蒙の仕事に専心してきた講談社にとって、これこそもっともふさわしい課題であり、伝統ある出版社としての義務でもあると考えているのです。

一九六四年四月　野間省一